李一舟 著

民主与建设出版社
·北京·

你一个人就可以成为一个品牌，活成一支队伍。

自序

我一直认为，人就是突然变得有钱的，真正的财富积累也只要两三年的时间，靠打工很难实现财务自由。

积累财富的方式主要有两种：顿悟和渐悟。

第一种方式是顿悟，就像突然打通了任督二脉一样，洞悉了财富密码。

这样的人有没有？凤毛麟角。

乔布斯的印度之行，包括被自己的公司扫地出门之后的苦行僧阶段，一定让他大彻大悟了。阳明先生龙场悟道，从石棺中坐起那一瞬间，一定也是感应到了什么。

但我一直认为，这是人中龙凤，我们普通人何德何能，没有这样的资质和福分。

那就只能寻找另一种方式了，这种方式就是渐悟，也即经高人指点后捅破了窗户纸，看到了对面的风景，算是开悟，然后跟随老师一步一阶，由量变引起质变。很多我遇到的事业有成的人，都有这样一位"良师益友"，将其点化。

我虽然谦虚地不敢自诩"良师"，但作为"益友"，我还是很愿意把自己过去 10 年的商业模式创新实操和过去 1 年多总结的流量变现经验分享给你。

不过，在聊"干货"之前，我觉得我们要先弄清五个问题：

时光机理论

如果让你身无分文，坐上时光机器回到 10 年之前，你能否用 1 年时间实现财务自由？

抛除纯粹的买彩票这种 bug 操作，你很可能会去买房。那请问那时候买房需要技术吗？

你是否会每天只睡 4 小时，拼命地在全国找到洼地，看遍所有可以买的地段，然后加上你能加的所有杠杆去入手？这需要你本身很有钱吗？

你看，为了实现目标，你仍然需要去寻找别人找不到的资源，并且还要坚信自己能够做到。所以，决定一个人最终财富高度的东西是**"认知"**，向下分解，就是**"信息差"**，这与你的收入、阶层、学历、圈层、人脉、外表几乎没有关系。

因为相信，所以看见。就如杰伊·瑞芬博瑞所说："你对自己的感受，会帮助你决定前进的方向；你对自己有怎样的评价，会很大程度上决定你成为怎样的人。"

回到现实中，你此刻的信息差是什么？

在我看来，投资自身，打造个人 IP，持续加码流量，占据一部分核心人群的心智，并且持续提供有价值的产品和社群，就是现在的黄金资产。

所以，你找好自己的方向了吗？

羞耻感

你发现了吗，现在只要是有流量的公众号、抖音号或者其他平台，几乎都开启了直播卖货的模式。各种大V的"战绩"更是非常惊人，一场直播销售额动辄几千万元甚至上亿元。这也让很多人跃跃欲试，想要加入自媒体的行列之中，分一杯羹。

我想说的是，大多数人都低估了做好自媒体的难度，也高估了自己的水平。

我经常开玩笑说，什么人能够在短视频平台拿到结果？生意上的失败者、职场上壮志未酬的中高层，以及一部分毫无选择但又极为敏感的草根。从本质上看，我们都在用内容博取流量，试图用不断迭代的内容占据用户的心智。以我自己操盘这么多案例和IP的经验来看，就算是经验丰富的MCN机构或网红操盘手，也不敢三个月内就让IP拿到稳定流量，甚至变现。因此，最低限度，你要在没有正向反馈的"黑洞期"摸爬90～180天。如果不是怀着极强的"羞耻感"和"屈辱感"，恐怕早就放弃了。毕竟如果不是没有选择，谁愿意浪费生命在看不到结果的事情上呢？

但是，最终成功的人，都跨过了这个"奥德赛时期"，因为"羞耻"。记住这个"羞耻"，才能让你穿越"黑洞期"。

所以，你做好面对"羞耻"的准备了吗？

赚美好

我用不到 1 年的时间，赚到了我之前 10 年都没有赚到过的钱，我曾经认真复盘，这中间到底发生了什么？

查理·芒格曾讲过，这个世界赚钱的真相很简单，就是你做出一个好的产品，然后找到正好需要这个产品的人，卖给他。翻译一下，就是拥有"用户思维"，做用户的刚需产品。

什么样的产品才是用户刚需？

我觉得，有三种产品是所有人都抗拒不了的：

第一种："赚"。让用户认为通过购买你的产品和服务，可以让他有机会赚更多的钱。

第二种:"**美**"。通过你的内容和 IP,让用户有可能变得更美(尤其是各年龄的女性)。

第三种:"**好**"。人性都是向善、向好的,你的产品能让用户感觉促进夫妻和睦、婆媳关系、亲子相处、个人成长等。

如果你的内容满足其一,你就有了基础用户。再经过精心打磨,你就有机会在同类创作者中成为 15% 的拿到结果的人。如果你的 IP 满足其二甚至三个点都能渗透,那就相当于牢牢把控住了用户心智,将无往不利。

所以,你打算为用户提供什么样的刚需产品?

新顶峰

如果说钱、权和声色犬马都是一般性的欲望,那每个人心中那"不可说"的灵山才是真的求而不得,又让人忍不住去终身求索。

举例来说，你在短视频平台上刷到某个大V的短视频，看到了"个人IP"这座顶峰，而光鲜亮丽的头部大博主无疑就是山顶金光下最闪耀的人。你拾级而上，可以不断看到新的风景。然而真想登上绝顶，你就必须攀爬云梯。远远看去，似乎不断有人登顶，但拉回视角，你看到的却是更多人纷纷掉落下来，骂骂咧咧的更是不在少数，并且告诫下面爬山的人，不要再做无谓的尝试了，否则必将无功而返。

终于，你登上绝顶，亲眼见到了金光大殿，最闪耀的人在哪里？原来99%的问题都是由座下罗汉为其铺路解答的。

所以，你是不是爬山的人？你的顶峰又在哪里？

幸福新解

不论财富和阶层，更多成年人沉淀下来，内心想要的是什么？

我认为唯"幸福"二字。人生短短数十载，不如意事十之八九，却不见得真的让我们不开心、不幸福。因为幸福与否，与我们的际遇有关系，但更重要的是"预期匹配"的问题。

你想成为亿万富翁，求而不得，终日闷闷不乐，因为你的预期和你的能力不匹配。

你只想打卡上下班，躺赢半生，结果35岁被公司优化，再找工作处处碰壁，转而愤愤然。

……

于是感慨：世界与我对抗，他人对我不公。

真的如此吗？

我见过的幸福的人，都是可支配现金流远大于内心欲望的人，这与你的收入几乎没有关系，却与你控制内心的贪、嗔、痴极为相关。没有欲望，人类不用仰望星空，社会也无法发展进步。但能够看清当下，憧憬未来，做好合理的规划，并且愿意"延迟满足"，每天都比昨天好一点，才会离幸福更近一点。

幸福，与财富积累的速度和能力相关，更与控制物欲的能力相关。

打造个人 IP，成为超级个体，可以让你赚钱，甚至在短时间内就能实现财务自由，实现个人价值。但是，学会控制自己的物欲同样重要，赚钱永远不是人生的目的，它只是一种手段。金枪大叔说了一句话，我觉得很有意思："当你开二三十万元的车的时候，你心里想的是：我什么时候能开一辆 50 万元或上百万元的豪车呢？但是，当你坐在几百万元的豪车里时，你看大街上的车都是一样的。"

金钱观的提升，带给我们的应该是世界观的提升，而不应该是内心欲望的泛滥。

所以，你的金钱观是什么呢？

好，如果你对以上五个问题都已经有了清晰、明确的答案，那我们就开始进入正题吧。我会把自己如何成为超级个体、如何选择项目、如何设计商业模式、如何用流量杠杆变现的底层逻辑和案例拆解出来，一一讲给你听。

CONTENTS 目录

PART 1 定位聚焦

个体崛起 _002
定位逻辑 _005
真实表演 _009
精准定位 _012
搭建框架 _015
认知误区 _018
高光时刻 _020
极致效率 _022
长期主义 _024

PART 2 建立人设

精准搭建 _030
个人标签 _033
超级长板 _036
核心用户 _040
找到长板 _045
正确人设 _048
强视觉锤 _051
用好人设 _054

PART

3

传播裂变

爆款内容 _058
爆款逻辑 _061
做好选题 _064
优质输出 _067
素材银行 _070
持续输出 _073
精准对标 _077
了解规则 _082
操作核心 _085
捕捉热点 _088
独特故事 _091

PART

4

链接心智

忠诚用户 _098
链接心智 _101
思考人性 _104
留住用户 _107
了解用户 _111
用户痛点 _114
用户思维 _116

PART

5

抓住红利

流量打法 _122

抓住红利 _126

流量思维 _129

流量变现 _132

撬动流量 _137

涨流原则 _140

极速流量 _144

流量密码 _147

流量真相 _149

抓住趋势 _152

PART

6

引流变现

盈利路径 _158

变现规则 _163

直播电商 _166

变现模式 _170

变现原则 _174

变现核心 _177

短链思维 _180

持续盈利 _183

居间生意 _186

PART 7

底层认知

财富逻辑 _192
高手思维 _195
时间管理 _200
数据思维 _203
利他思维 _209
认知误区 _212
提高认知 _215
丛林法则 _219
立大局观 _223

PART 8

穿越周期

底层逻辑 _230
商业框架 _234
四个阶段 _237
三个层次 _240
三个误区 _243
品牌三角 _247
轻量资产 _250
穿越周期 _253

15 条经验总结 _256

打造超级个体,本质上是把一个人当成产品去打造。

PART

定位聚焦

你的定位在哪里，
你的结果就在哪里。

个体崛起

超级个体的商业逻辑是让自己成为流通体和流量体：
一、流通体，可变现的商品或服务；
二、流量体，有流量、有资源的人。
掌握了这个商业逻辑，你一个人就可以成为一个品牌，活成一支队伍。

举个例子，一个有流量的人在平台上发内容、做直播，能够在平台带货，粉丝因为信任才会选择购买，这时这个人就是流量体。而他带货的可以是商品或服务，都是可变现的，这就是流通体。

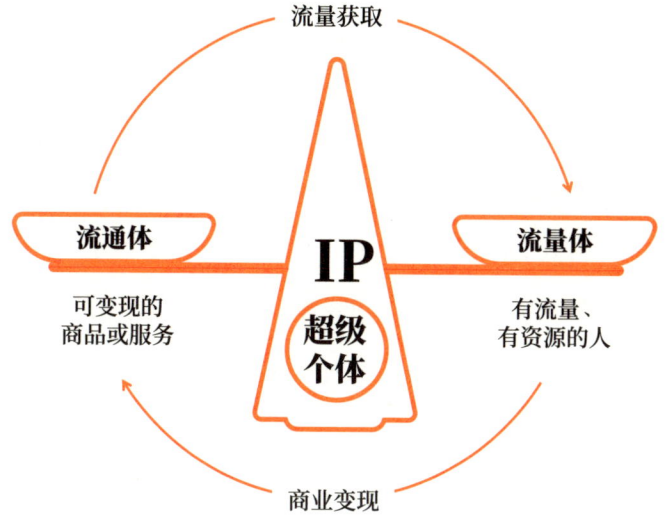

  自媒体的兴起，让很多独立个体自己就能完成流量获取，并形成产品与渠道的商业闭环，成为一个个走到哪里都随时盈利的"公司"。这样的独立个体，就是现在已经崛起并掌握了新的财富密码的超级个体。

  自媒体的崛起是整个商业社会的崛起，个人 IP 的价值将在商业组织中发挥举足轻重的作用。无论你身处什么行业、什么领域，你的产品、服务等都可能被模仿，只有独特的人格化商品与商业是无法被复制的。成为超级个体，拥有个人IP，已然是自媒体时代的必备技能，可以为自己和企业带来巨大的附加价值。

人与人之间的区别从来都不是财富、人脉、学历这些东西，而是认知。你的认知能跟上时代的发展，你就能抓住时代的红利。只有自己成为超级个体，即使有一天员工全走光了，只剩下你一个人，你也仍旧是一个自带流量的超级品牌。

定位逻辑

定位之前要有明确的目标，围绕目标定位的核心逻辑有三点：

一、"眼高手低"；

二、基于个人气质进行人格化定位；

三、说人话、接地气。

在做个人IP的定位之前，你一定要有明确的目标，知道自己要干什么，以及要干到什么程度。

那么，要如何根据目标来为自己定位呢？

首先，"眼高手低"是个人IP定位的核心，也是做自媒体应该追求的最好状态。

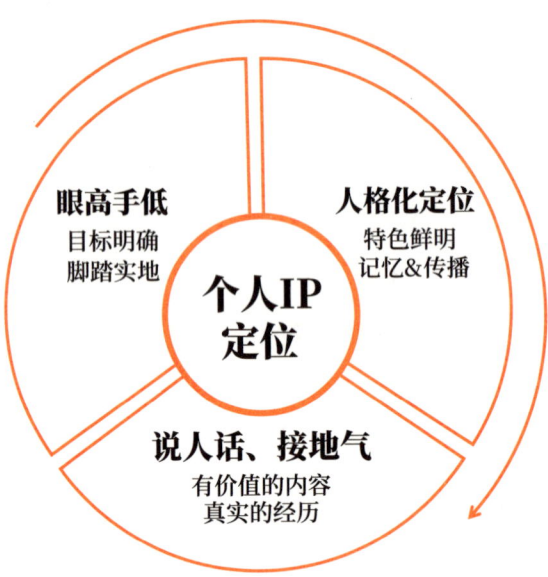

眼高于顶，说明你见过更大的世界、更好的人、更好的事以及更好的项目，只是限于当前的资源、能力等，你还达不到这个目标。但是，只要你有了明确的、好的目标作为灯塔，同时一步一个脚印地坚持，你就能层层高升。而如果你的眼界不行，总认为自己已经是行业翘楚，找不到对手了，那么这件事你肯定干不好。

其次，不要随便去做所谓的品牌定位，品牌都是用时间"熬"出来的，其中包含大量的沉没成本。一旦你碰到了非常厉害的行业竞争对手，或者是一个经营了几十年甚至上百年的品牌，他们涉足你所在的行业领域的话，你很容易就会被击垮。只有基于个人气质的品牌人格化定位，才能真正抓住垂直的用户。

举个例子，某平台上有个主营水果的账号，按照大多数人的逻辑，做这类账号首先要找一个果园，然后进入果园内摘到新鲜的果子，现场展示给用户，并呼吁用户来自己的直播间购买水果。

但是，这个账号博主却另辟蹊径。他先来到乡下，找到了一位80多岁的老奶奶，这个老奶奶不但听力不好、不会说普通话，更是完全不懂得什么互联网、自媒体，甚至连手机都不会用。然后，他让这个老奶奶帮他拍摄了一条宣传片，结果爆了。

那么，这个宣传片中拍摄的是什么呢？

在宣传片里，这个年轻的博主一遍遍不厌其烦地跟老奶奶解释什么是智能手机、什么是直播，以及如何在直播中介绍产品，说一些有意思的话术，等等，让人看了忍俊不禁，结果吸引了大量用户的关注。许多用户就因为喜欢这个可爱、纯朴的老奶奶而爱屋及乌，喜欢上了他推荐的水果。

这就是基于个人特色而进行的人格化定位。同样是打造个人IP，你没有特色，别人就很难记住你；特色鲜明，你的优势就会更加明显，别人也更容易记住你、传播你。简单来说，要准确定位，只有找到适合你的、能够捅破天的那根针才行。

最后，就是一定要说人话、接地气，多分享真正对粉丝有帮助、有价值的内容，或者是真实的故事、真实的经历，这样你才更容易抓住精准粉丝，获取自己的IP和流量。

真实表演

个人 IP 获取流量的原则就是：真实的表演。

打造超级个体需要四个阶段：

一、假人设、假故事；

二、真人设、假故事；

三、假人设、真故事；

四、真人设、真故事。

很多人不理解什么是"真实的表演"，怎么才算是又真实又表演呢？这就需要"表演者"具备一定的功夫，表演起来让人感觉非常真实。

想要打造超级个体，一般第一个阶段就是假人设、假

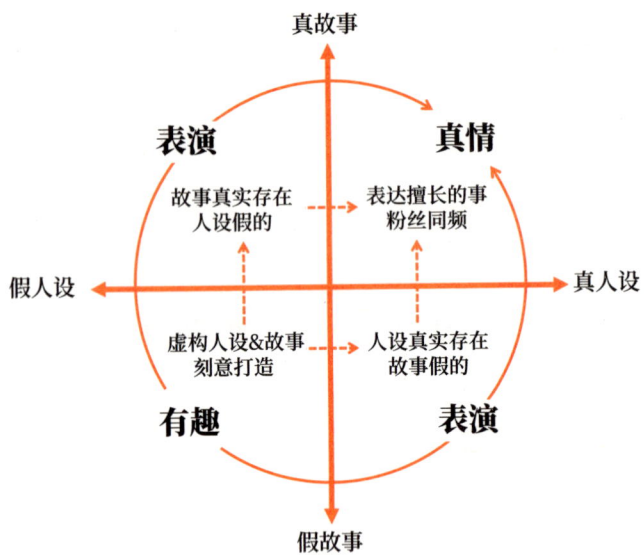

故事，个人人设和故事都是虚构的，是刻意打造出来的。但如果你的故事讲得好，能为粉丝提供一些价值，也能吸引一波流量。

真人设、假故事，人设是真实存在的，但讲的故事是假的；而假人设、真故事，故事是真实发生的，但讲故事的人是刻意打造出来的人设。在这两个阶段，如果你想要持续地吸引流量，必须能够为粉丝提供有效的价值。

真人设、真故事，人设和故事都是真实存在、真实发生的，并且人设能够真实地去表达自己擅长的事情，而不是去表演一个自己不懂、不擅长的东西。这就是"真实的表演"，也是现在打造优秀的超级个体所要达到的水平。

以前，个人IP要获得流量主要靠短视频，只要你拍摄的短视频好看、有趣，你就有流量，不管其中的人设是不是真的。但现在不行了，因为虚假的人设吸引来的粉丝一定是跟真实的你不同频的，尤其是在直播时，你根本无法承接这群与你不同频的粉丝的问题。所以，我们会看到，一个一两百万粉丝的账号，直播间内往往只有几十个人，这并非系统不给推流，而是直播间的能力跟不上它的流量。

直播间的水平是来自主播的自然流量，你要成为某个领域的KOL（关键意见领袖），就必须拥有自己的专长或绝活，这样才能逐渐打造起自己的个人IP。说到底，个人IP最终拼的还是实力。

精准定位

精准的定位是打造超级个体成功的关键。

定位包括五个要素：我、业务、服务对象、价值、TA 的服务对象。

第一个要素：我

在打造个人 IP 过程中，自己作为核心定位，一定要"窄门进宽门出"。简单地说，你在最开始做个人定位时，要先集中在一个非常细分垂直领域内的单一问题上。在吃透这个单一问题后，再去慢慢渗透和扩大定位范围。

第二个要素：业务

不管你在哪个平台上做个人 IP，你的"业务"定位都

我	服务对象	价值
核心定位 窄门进宽门出 先垂直再扩散	**目标群体** 新锐白领 小镇青年 小镇中老年 都市蓝领 都市银发 精致妈妈 资深中产 Z世代	**短期收益** 明确短期收益点 **长期发酵** 人传人&裂变 产品复购
业务		**TA的服务对象**
业务定位 一句话讲清楚	某类人群优势越突出 定位越精准	**核心方法** 让客户拿到结果

必须要用一句话讲清楚,否则不等你说完,用户可能已经离开了。现在很多平台用户的习惯动作就是刷走,不会多做停留。

第三个要素:服务对象

我把各平台上的人群进行了归类,总结出八个大类的人群,分别为新锐白领、小镇青年、小镇中老年、都市蓝领、都市银发、精致妈妈、资深中产和Z世代(新时代人群)。在进行个人定位时,你最多只能处于两类人群之中。

如果你在某一类人群中优势突出，拥有较大的用户占有量，那么你的定位就会非常精准。

第四个要素：价值

价值可分为短期收益和长期发酵两个部分。大多数平台用户都是天然短视的，都想快速拿结果，所以你一定要明确说出自己的账号对他来说短期的收益点在哪里。同时，为了你的账号能长期发展，你还需要铸造自己的护城河。比如，通过对IP的打造、精准粉丝的增加，或者通过社群、知识付费课程等方式的建立，让自己的账号获得长期发酵的机会。这里所谓的"发酵"，其实就是人传人、裂变和课程产品的复购。

第五个要素：TA的服务对象

这里的TA既指你自己，也指你的客户，其核心方法就是你要让客户拿到结果，这也是唯一能让客户复购的理由，同时也是你在平台上定位的核心方法。

搭建框架

打造超级个体，本质上是把一个人当成产品去打造。在为他人持续提供价值的同时，也需要不断"内省"自己的价值。

打造超级个体，本质上是把一个人当成产品去打造，或者说是打造一家只有一个人的企业。要实现这个目标，我们就要先通过下面的问题自查一下，看看自己是否满足做超级个体的原则：

1. 你做个人 IP 的具体目标是什么？

2. 你觉得自己做个人 IP 具有哪三个方面优势？

3. 你有没有具体的对标账号，并且不是那种百万粉丝的账号，是最近两三个月内就能做到几千到几万粉丝的、具有参考意义的新账号？

4. 你有没有对标账号的一些框架，如产品、内容、模式等，其中有哪些值得你学习的点？你是否做过具体的记录？

5. 三年三件事。也就是说，你在最近三年当中为朋友或学员等提供的价值是什么？你的个人优势是什么？你至少要问20个人，最后根据这些人的回答，为自己总结出三个核心标签。

6. 回顾一下，你曾经历过的糗事，你生命的闪光点，以及你自认为最与众不同的地方都是什么？

7. 你在直播时能否做到本人出镜，并且拥有自己的视觉锤和语言钉？

8. 你能不能为自己的个人IP规划出30条作品的内容方向？它们分别是什么？你会不会对它们进行归类？

9. 你有没有规划过如何做到变现，什么时候变现？你打算针对哪些窄众人群进行变现？

10. 你现在的私域流量能不能开发出"铁粉"？如果冷启动账号，你的粉丝量能达到多少？是否有运营团队帮你做运营？

弄清以上十个问题后，接下来你就可以搭建自己的超级个体框架了。

认知误区

打造超级个体的认知误区,就是认为做这件事的机会成本足够低,可以随时退出。

哪些人打造超级个体更容易成功?

不是刚刚创业的年轻人,也不是线下的各类成功人士,而恰恰是一些创业失败,或是生意上遇到困难,又没有更好选择的老板。但是,大部分尝试打造超级个体的老板都有个认知误区,就是认为打造个人IP只是自己的众多选择之一。抱着这种心态来打造个人IP的话,他们就很难做到全力以赴,甚至在做了一两个月后发现效果不佳,就会考虑退出,去寻找其他的选择。

而实际情况是，你可能根本没有比做个人IP更好的选择。

借助互联网这个强大工具，打造个人IP的核心就是机会成本足够低。在互联网时代的今天，每个人都是互联网上的一个种子IP，互联网为我们解决了一切推广IP的成本。一旦打造成功，你的前途就会无限大。

但是，如果你尝试了几个月后，发现自己的粉丝量仍然很少，直播间也只有寥寥的几个人，这时该怎么办？

方法很简单，就是投流。只要能够承接住流量，你完全可以根据自己的实际需要和预算来选择合适的投流方式，比如做开屏广告，用户一打开平台立刻就能看到你，甚至被直接吸引到你的直播间。

个人IP运营得当，就会从个人价值转化为品牌价值；而企业品牌价值慢慢凸显之后，又会反过来增强个人价值。所以，对于我们来说，突破对超级个体的认知误区，成功打造个人IP，就是实现可持续增长并且复利增长的利器，日积月累，终身受用。

高光时刻

超级个体的核心思维有两个：
一、学会在巅峰期隐退；
二、再出道仍是巅峰。

  假如你在 10 年前曾有过职业或个人成就上的高光点，在之后的 10 年里，你一直忘不掉这个高光点，四处跟人去分享你的成功经验、辉煌业绩，那么实际上，你距离曾经的那个高光点已经越来越远了。

  麦肯锡工作的核心思维运用在自媒体平台上，就是你并不需要时时刻刻出现，而要学会在巅峰期隐退，让自己厉兵秣马，厚积薄发，最好能够节节高升。等你找到新的机会，再次出现在人们面前时，你要让自己成为一个新的爆点、新的巅峰，这时所有通过网络能够看到你的人，才会觉得你是个超级牛人。

我在一定程度上践行了这个观点，我的高点是2012年参加《非你莫属》，被十几个老板疯抢，称为"史上最牛求职者"。但在接下来的10年里，我很少出现，而是一直在做积累，寻找更好的机会。直到2021年我重新"出道"做个人IP，一年便赢得了130万粉丝，3个月的课程有了几千万元的销售额。可以说，再次出现的时候，我又到了一个高点。

打造超级个体注定是个长久沉淀以及不断优化的过程，需要用长远眼光看待这件事，同时还需要很强的耐心，坚持做自己认为正确的事。任何平台都需要用户不断提供优质内容，假如你有一个30天成功的理论，只要你一直专注于这个领域，坚持30天，每天定时更新，就一定会有效果。

当你每一天都在努力改变时，你就已经走在打造个人IP的路上了。

极致效率

超级个体的底层逻辑是找到精准、可变现的粉丝，极致地提高流量变现的效率，通过价值输出实现变现效率最大化。

提高流量变现，需要具备两个核心：

一、流量思维；

二、产品思维。

流量越稀缺，产品力越关键。产品力足够强大，才能帮你不断降低获取流量的成本。

很多人认为，打造超级个体必须拥有大量的粉丝群体。这是一个误区，个人 IP 和粉丝量并没有直接关系。不能变现的粉丝是"泛粉"、泛流量，没有任何意义。真正的超级个体需要的是精准的、可以变现的粉丝，在你所能输出价值的垂直领域中，成为他的"第一选择"。

流量越稀缺，产品力越关键。当你的产品力足够强大时，你单次获取用户的成本并不重要，因为好产品会带来好口碑，好口碑也会带来复购。如此反复，就可以不断帮你降低获取流量的成本，让流量真实地变现，并且可以滚动起来。

做好个人IP的关键是能够获得粉丝信任，并且购买你的产品。真正与粉丝之间建立起深度的信任关系，需要能够真正解决粉丝的问题，针对粉丝特定化、细分化的需求，提供有针对性的产品和服务。要打造真正的个人IP，实现有效能的变现，还是需要我们在垂直方向持续地输出内容和价值，并且能快速解决粉丝的问题才行。

长期主义

从普通小白到超级个体，需要日日不断之功，需要长期的坚持和不断精进，才能收获复利的效应。要想打造成功的超级个体，需要每天持续1%不起眼的改变。

坚持长期主义需要注意两个关键点：

第一，具有延迟满足的心态；

第二，能够长期专注于一个方向与赛道。

打造超级个体的过程，其实就是建立大众对你的认知和信任的过程，这个认知和信任自然来自你所呈现出来的作品和输出的价值。在开始阶段，你的作品可能源于自身

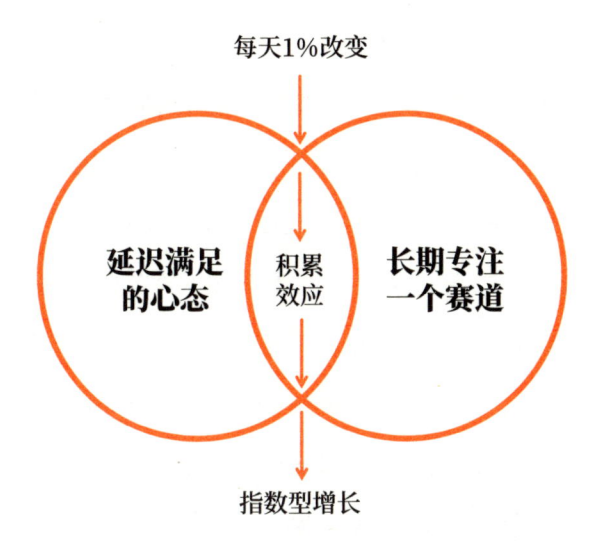

```
          每天1%改变
              ↓
    ┌─────┬─────┬─────┐
   延迟满足  积累  长期专注
   的心态   效应  一个赛道
    └─────┴─────┴─────┘
              ↓
          指数型增长
```

的知识与底蕴，但随着时间的推移和你的人生经历的不断丰富，其间你又会吸取新的知识、新的观点、新的经验，所以你的后期作品也必然比前期的作品更加有深度和高度。而当这些作品积累到一定数量时，你可能就会遇到拐点。抓住这个拐点，你就有可能实现自己的目标。

举个例子，如果你的目标是 10 年赚到 1000 万元，那么绝对不是每年平均赚取 100 万元，而是要学会延迟满足，在前面的七八年中不断做积累，在最后的两三年中才有可能拿到最终结果。但实际情况是，很多人的热情最多坚持一两个月，看不到任何结果时，80%的人就撤退了。再过两三个月，还是看不到结果的话，剩下的可能只有10%了。如果过去1年，还是没有结果，估计剩下的连1%也不到了。

要做成一件事，需要长期专注于一个方向与赛道不断积累，使这些积累形成优势积累效应，从最初的一个小优势逐渐变成大优势，最终形成一种巅峰效应，并且在需要你大力出奇迹的时候，敢于投入，才有可能拿到你最终的那个结果。

想成功地打造超级个体，就要每天持续1%不起眼的改变，几年后，这种量变的积累就会发生质变，并且这种变化不是渐进式的，而是指数型的增长。

> 超级长板并不是你喜欢做的事,甚至不是你现在的工作,而是之前几年内你在垂直方向上连续做对三次的事情。

做真实的自己，是打造正确人设的核心。

PART

2

建立人设

搭建个人品牌,
是在平台获取粉丝信任,
建立个人影响力的过程。

精准搭建

搭建个人品牌，是在平台获取粉丝信任，建立个人影响力的过程。

精准搭建个人品牌主要分三步走：

一、精准定位；

二、寻找榜样；

三、借鉴榜样。

打开思路，既表现出自己的专业性，又能找到"出圈"方法，你就能搭建起精准的、有差异化的个人品牌。

搭建个人品牌的第一步，就是精确地找到自己的定位。

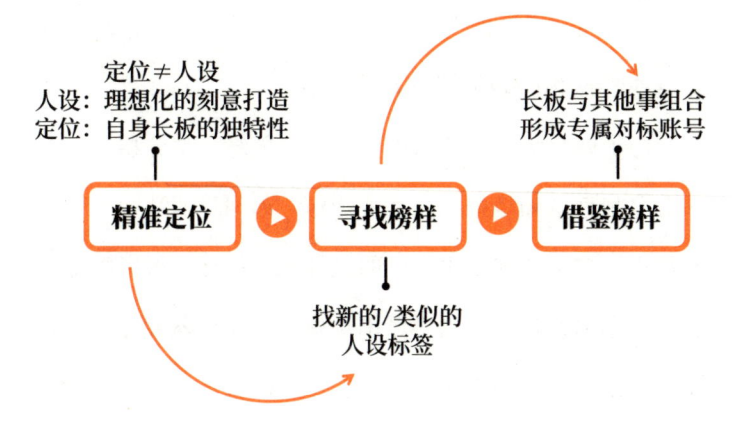

```
定位≠人设
人设：理想化的刻意打造                长板与其他事组合
定位：自身长板的独特性                形成专属对标账号
         │                                    │
         ▼                                    ▼
    ┌─────────┐        ┌─────────┐        ┌─────────┐
    │ 精准定位 │  ▶    │ 寻找榜样 │  ▶    │ 借鉴榜样 │
    └─────────┘        └─────────┘        └─────────┘
                            │
                            ▼
                       找新的/类似的
                       人设标签
```

　　定位不等于人设。人设是你刻意打造出来，为用户呈现的一种理想化形态，而定位则是基于你对自身长板的挖掘放大，找出自己的特质或考量自己要成为一个什么样的人，然后展现给观众的一个具有不可替代性的形态。

　　有的人可能会说，我只有一项技能，比如我会摄影，其他不会，那我怎么打造超级个体呢？

　　我曾在短视频平台上看过一个关于摄影师日常训练的视频，视频中的摄影师为了练好自己的臂力和拍摄时的稳定性，扛着重重的摄像机在跑步机上飞奔，力图使自己在奔跑的时候也能稳稳地拍摄。

网上做超级个体的摄影师很多，但绝大部分摄影师都在分享如何清晰地拍摄照片或影像，如何让照片或影像更有质感，完全体现不出自己的差异化。但这个摄影师却能够打开思路，从体现出自己拍摄稳定性这一差异化入手，找到了适合自己的框架和网感，从而既表现出自己的专业性，又找到了让自己"出圈"的方法，这就是一个精准的、具有差异化的个人IP。

能够把自己的长板与其他事情组合在一起，形成专属于自己的对标账号，你的人设打造就更容易成功。比如，你是设计师里最会跳舞的，你是快递小哥中最会唱歌的，你是厨师里面最懂电器的……总之，就是去寻找那些新的、与你类似的人设标签，作为自己的榜样，然后去精准地学习、借鉴，你就能走上快车道，搭建个人的IP品牌。

个人标签

标签的作用：让用户记住你，需要的时候想起你。

打造个人标签的两个核心点：

一、视觉锤；

二、语言钉。

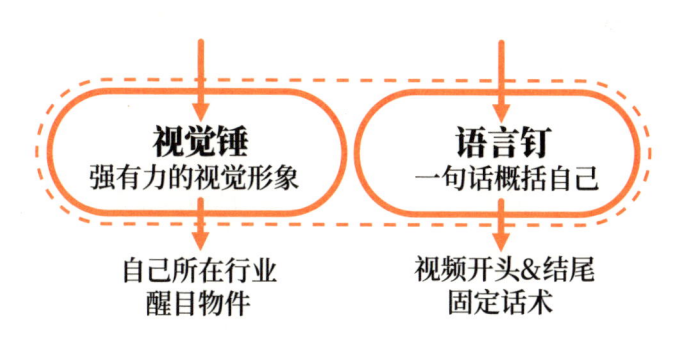

```
    ↓                    ↓
┌─────────────┐   ┌─────────────┐
│   视觉锤    │   │   语言钉    │
│强有力的视觉形象│   │一句话概括自己│
└─────────────┘   └─────────────┘
    ↓                    ↓
 自己所在行业         视频开头&结尾
  醒目物件            固定话术
```

很多人知道，打造个人 IP 首先要有一个醒目的个人标签，然后传播这个标签，让用户牢记，并且一看到或听到这个标签就想起这个人。但大多数人认为，个人标签就是给自己取个好听或霸气的名字，比如"××第一人""××创始人"等。

这其实是个误区。独特的个人标签的确能让用户更容易地记住你，但打造独特的个人标签并不是取个好听或霸气的名字就可以了，它需要从两个方面在用户的脑海里形成一个固定的印象。

简单来说，视觉锤就是一个强有力的视觉形象，可以在很短的时间内抓住观众的注意力，让观众一看到这个形象就想到这个人。比如，我们一看到对钩的形象就会想到耐克，一看到地球的形象就会想到微信。那么，你找好自己的定位后，也可以寻找一个与自己所做的行业相关的非常醒目的物件，作为你的视觉锤。

语言钉就是用一句话清晰明了地概括自己是干什么的。每一条视频的开头、结尾处都有一个固定话术，这个话术也能让观众快速记住你是谁、你做的是什么事，而且之后再看到你的视频时，不管是视觉锤还是语言钉，都可以加深对你的记忆。

举个例子，有一个装修分类的自媒体，个人介绍是"无视行业规则，专注装修17年。关注我，装修不迷路"，个人形象是一个人戴着一顶特别引人注目的红色安全帽，让人感觉非常接地气，但同时又能很明显地看出他是个装修行业的老板。他所讲的案例是上下分屏的：上面放的是大家在实际装修中遇到的一些问题，一下子就能抓住观众的眼球，下面放的则是他口播的回答，也就是解决问题的方案。这种方式非常容易让客户接受。所以，他的粉丝虽然只有70多万，但他的账号已经算是装修赛道的头部账号了。

个人 IP 的精准定位，就是找好自己的标签，设定好自己的视觉锤和语言钉，然后不断地重复出现在观众的视听里，占据观众的心智，使观众对你形成固定的记忆。

超级长板

利用自己的超级长板做好一份副业，需要具备五个核心步骤：

第一步：找到自己的超级长板；

第二步：在自媒体平台获取流量；

第三步：学会投放流量；

第四步：设计一个可变现产品或服务；

第五步：在平台上做直播。

工作可以分为三个阶段：

第一个阶段：为别人打工，成为职场中的一员；

第二个阶段：自己选择一种副业，作为过渡期，帮助

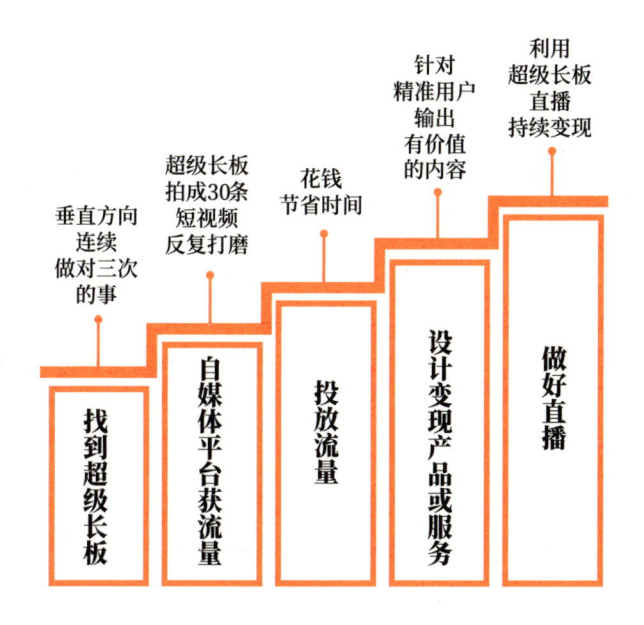

```
      垂直方向    超级长板     花钱      针对       利用
      连续       拍成30条    节省时间    精准用户     超级长板
      做对三次    短视频              输出       直播
      的事       反复打磨             有价值      持续变现
                                  的内容
```

| 找到超级长板 | 自媒体平台获流量 | 投放流量 | 设计变现产品或服务 | 做好直播 |

自己在工作中寻找一生所爱的事业；

第三个阶段：从事自己真正热爱的事业，并且可以细水长流地获取收入，这叫终身事业。

很多人不想一直为别人打工，所以会考虑利用自己的优势做一份副业。根据我的经验，想成功地做好一份副业，包括以下五个核心步骤：

第一步，找到自己的超级长板。这是后面四个核心的基础，做好这一步，后面四步才会水到渠成。但是，超级长板并不是你喜欢做的事，甚至不是你现在的工作，而是之前几年内你在垂直方向上连续做对三次的事情。

举个例子，我以前创业时，认为自己的管理能力、产品能力、运营能力、演讲能力等都很强，但后来我发现，我真正连续做对三次的事，是连续三年都在过年之前成功融到了资金。由此我找到了自己的超级长板，就是我的融资能力很强。

第二步，在自媒体平台获取流量。你可以将自己的超级长板拍成 30 条短视频，并且反复打磨，直到满意为止。爆款是重复的，也许你没有太多优点，但你可以用自己的框架不断迭代出新的作品，这就是你不断获取流量的核心法宝。

第三步，学会投放流量。只利用自然流量是不可能在平台做好、做大的，要学会用花钱的方式节省时间。尤其是在你想要快速占领用户心智时，更要学会多花钱、多办事，在有效的事情上重复做，并且加最大的杠杆。

第四步，设计一个可变现产品或服务。当你在平台拥有一定的精准用户后，就可以设计一个具有一定利润的产品或服务，针对精准用户输出有价值的内容。平台系统会根据智能算法为你打上创作者标签，再为你推流，让更多有同样标签的人看到你发布的优质内容。通过这种方式，你就可以吸引更多精准标签的人来关注你，从而实现流量转化。

第五步，在平台上做直播。与短视频账号的变现能力相比，直播实现流量转化的效率更高，想要持续变现，就要利用自己的超级长板进行直播。

核心用户

你的定位在哪里，你的结果就在哪里。

定位中非常关键的一点是找到自己的核心用户。核心用户可以为你带来流量、资源，同时还能帮你转播，给你带来更多直接或间接的精准用户。

在打造超级个体的过程中，定位是非常关键的一步，它既包括你对自己的定位，也包括你对所服务群体的定位。而你所服务的目标群体，就是你的核心用户。

以下是几种常见的用户定位，他们既可能是你自己，也可能属于你的核心用户。

小白	普通打工者	优秀打工侠	自由职业者	老板	宝妈	退休人群	小镇青年
需自我提升	放大生活或工作的点	课程和社群组合搭配	选择好项目深耕	打造成行业IP	提供真实有价值的服务	从0到1学习各类技能	输出价值观所需

第一类：小白

在大多数平台上，小白都是很难拿到结果的，如果你想用几个月时间就成功打造自己的IP，难度会非常大。所以，我建议你先进行自我提升，让自己尽快度过小白期。

第二类：普通打工者

如果你已经在某个垂直方向拥有三年及以上的工作经验，那么在做个人账号时，就可以放大生活或工作中的一个重要的点。比如，你是个文员，就可以把"写作"这个点放大；你是眼镜店的验光师，就可以把"验光"这个点放大，然后垂直地深耕下去。

第三类：优秀打工侠

如果你属于这个群体，那么在职业发展的赛道上，你就可以利用自己的案例和经验做很多事了，比如做成课程、社群等。但要注意一点，你的课程和社群要搭配在一起进行，否则只有课程没有社群，你的课程价值感就会很低。因为真正购买课程的人，不仅想上录播课或直播课，更想通过社群交到志同道合的朋友，获得线上和线下的交流机会。

第四类：自由职业者

作为自由职业者，你可以用个人 IP 获取一些便宜的流量，然后将你所选择的项目放大。当然，你的项目一定要选好，否则你可能会越努力越绝望。选好项目，沿着一个正确的方向和目标持续深耕，你就能拿到一定的结果。

第五类：老板

作为企业老板，如果你想做自媒体，打造个人 IP，关键一点是要有空杯心态，不要太将自己以前的成功事迹当回事。哪怕你在线下已经很成功了，在线上你可能仍然是个小白，需要重新学习。所以，我建议你在定位时可以根据自己的经验，把自己打造成为行业 IP。如果你能在平台上做一个非常垂直的账号，你的作品就会吸引到垂直的人群，你所在行业的其他老板也会被你吸引，之后你可以做成社群、私董会、课程、转培训和加盟等模式，吸引更多的上下游老板来与你合作。

第六类：宝妈

在各个平台上，宝妈都是一个付费能力非常强的群体，但要注意一点，千万不要去"割韭菜"，而是要为这些宝妈提供真实有价值的服务。如果你自己是个宝妈，可以根据自身特点，在垂直细分方向上积累内容，并从中找到真正的爆款，如女性成长、家庭教育、育儿经验，以及与知识付费课程有关的内容等。

第七类：退休人群

如果你的用户群体是退休人群，那么你可以尝试打同龄人的信息差，让他们为自己的信仰和价值感去充值，比如教他们从 0 到 1 学习各类技能，如广场舞、摄影、画画、插花等，这些都是可以做知识付费和培训课程的。

第八类：小镇青年

对于这个群体，你的定位方法很简单，就是"大力出奇迹"。只要你能为他们输出底层价值观中所需要的东西，你就能获得流量。而如果你自己是一个小镇青年，那么你的核心就是找到真正能够帮助你的人，实现阶层的跃升。

找到长板

要找到自己的长板，需要遵循三个原则：
一、在垂直细分赛道深耕；
二、你擅长什么领域，就锁定什么领域；
三、能够持续地提供价值。

很多人都听说过"木桶理论"，一只木桶能装多少水，取决于最短的木板高度，这个理论告诉我们要提升自己的短板和不足。

但是，当下早已进入了长板理论的时代，一个人的短板可以通过团队协作来获得提升，但一个人的长板有多长，将决定你能够选择做什么，以及能够做到何种程度。

长板理论
锁定擅长的领域

垂直深耕
在垂直细分赛道深耕

持续输出
能够持续地提供价值

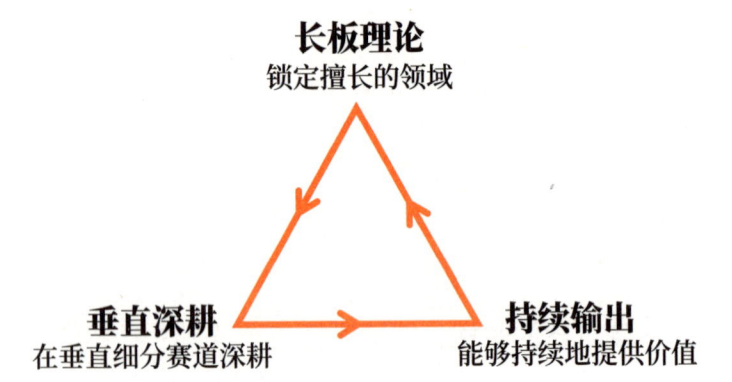

　　要找到自己的长板，首先要找到能够深耕的垂直细分赛道。

　　2022年，有1000多万的大学生从高校毕业，市场上还有2亿多的灵活用工人员，他们最需要的就是掌握一门技能，让自己生存下来，在所生活的城市内活得更有尊严。

　　……

　　这些都是很好的细分赛道。你能抓住适合自己的赛道进行深耕，就能获得流量。

　　有些人觉得，现在直播带货很火爆，自己也想涉足其中。

但我认为，做直播带货必须要符合几个必备条件，比如稳定的流量、稳定的产品供应链、懂得选品和排品、强大的售后……如果不符合这些条件，直播带货很难做起来。

还有些人想做知识付费，知识付费的优点很明显：可以自己把控流量，可以自己定价产品，利润相对较高，几乎没有太多的售后、客服和实物的物流过程……对于个人和小团队来说，从这个切口进入确实很合适。但是，想要真正做好知识付费，你必须要有真才实学，能够让你的课程本身成为你的个人 IP 的根本核心。

所以，不管你选择做什么，一定要根据自己的优势，选择自己最擅长的那一个，并且锁定这一点进行垂直深耕，这才是你真正的长板。

最后还有很重要的一点，就是一定要能坚持。不管你最终选择做什么，都不可能一下子马上做到火爆，你需要持续地产出好的内容、好的作品，持续地做直播，输出有价值的内容，这样你的权重才能一点点上来，获得更多用户的认同和支持。

正确人设

做真实的自己,是打造正确人设的核心。

成功打造个人人设的三个原则:

第一,遵循"三年三次"法则;

第二,围绕超级长板做内容选题;

第三,操作要循序渐进。

超级个体必须要有自己的思想、对事情的看法和做事风格,这是你独一无二的标签,也是成功打造个人IP的核心。归根结底,你要做真实的自己,也要真实地让自己变得越来越好。而要做真实的自己,你就必须要有真实的自信度、亲和力和专业性。在这三点当中,最重要的就是你的自信。

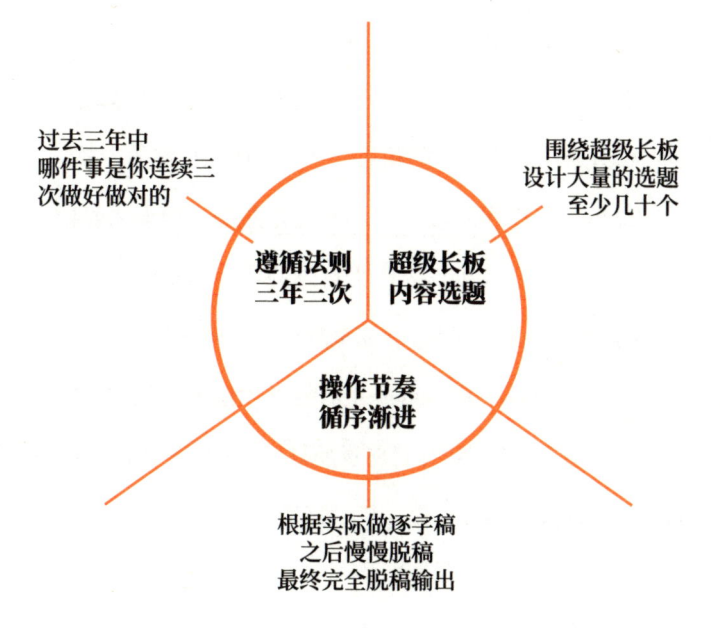

```
                    过去三年中
            哪件事是你连续三
               次做好做对的           围绕超级长板
                                    设计大量的选题
                                       至少几十个

                  遵循法则   超级长板
                  三年三次   内容选题

                      操作节奏
                      循序渐进

                   根据实际做逐字稿
                    之后慢慢脱稿
                   最终完全脱稿输出
```

你能够真实地自信，不是盲目地自大，就更容易打造出成功的个人 IP。

  在具体实施过程中，我们首先要遵循"三年三次"法则。回顾一下，在过去三年当中，有哪件事情是你连续三次都做好做对的，然后就将其作为你个人 IP 的一个核心内容，从这一点出发去跟粉丝分享。

其次，你要围绕自己的超级长板设计大量的选题，至少要做几十个。没有量的积累，你不可能做出好的内容。

最后，在操作阶段，一定要逐渐熟练。如果你要拍一段短视频，我建议可以先根据自己的实际情况做逐字稿，之后再慢慢脱稿，直到最终完全脱稿输出内容。

输出的内容干货很重要，但感觉才是第一位的。能够让人愿意看你的内容，并且愿意反复看，甚至愿意跟你交流，和你成为朋友，你的人设才算是打造成功了。

强视觉锤

找到视觉锤有三个重点：

第一，多尝试各种可能性，通过数据判断出最适合自己的形象；

第二，要坚持不断地输出内容，强化视觉锤在粉丝中间的形象；

第三，最高级的玩法，就是让自己的品牌人格化。

如果说有什么样的投资是稳赚不亏的，那么一定是向自己投资。向自己投资的最好方式，就是做个人IP。而做个人IP的窍门之一，则是找到自己的视觉锤。

以我自己为例。我经常会戴一副眼镜，但实际上我的

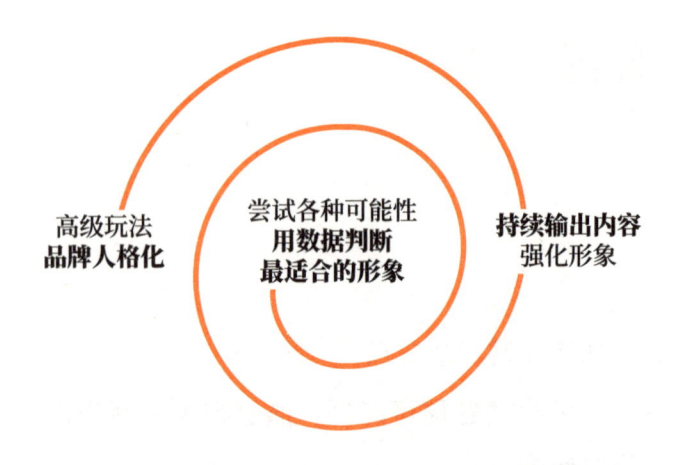

高级玩法　　　尝试各种可能性　　持续输出内容
品牌人格化　　　用数据判断　　　强化形象
　　　　　　　　最适合的形象

　　视力很正常。只是戴上眼镜后给人的感觉，与我不戴眼镜给人的感觉完全不同。而且更重要的是，我有一家眼镜公司，每年我都能拿到市面上最新的各种眼镜款式。在佩戴现在的这副眼镜之前，我试过五六款眼镜，都是在寻找一个合理的视觉感，让大家比较容易接受我。

　　如果你仔细观察，就会发现，很多杂志大片上佩戴眼镜的明星，眼镜上都是没有镜片的，一方面是因为拍摄时带有镜片的眼镜会反光；另一方面是因为没有镜片时，人的目光是与观众直接接触的，彼此间容易产生亲近感和信任感。

所以，我的这副眼镜就是我的视觉锤。我以前拍摄的不戴眼镜的短视频播放量和点击率，远不及我后来戴眼镜时拍摄的短视频的播放量和点击率，甚至后者比前者高出两三倍。为此，每次录制视频，我都戴上眼镜，固化我的视觉锤。

但是很多人也会发现，我在直播时是不戴眼镜的，因为直播时我主打的是真实、真诚、利他，所以我会取下我身上所有的装饰，用最真实的颜值和状态来面对观众。

用好人设

制定内容策略时，还要有 20% 的核心是用好自己的人设。

人设既要突出自己的个性、能力，还要突出自己是个有血有肉的、真实的人。

打造超级个体，制定内容策略，用好自己的人设很关键。

人设的目的是加深用户注意力，提高用户对我们的喜爱度和接纳度。只有用好自己的人设，才会吸引用户的注意力，并通过人设让用户知道你的形象是什么、你所做的内容是什么，以及你可以帮助用户解决哪些问题。这样，在垂直人群中间，你才有可能成为用户心智中的第一选择。

举个例子，假设你是一个生产插线板的工厂老板，你的产品销量可能不及一些大品牌的产品，但用户在有购买需求时，刚好在平台上看到了你的视频内容，发现你做人诚实、做事用心，工厂管理规范，产品符合国家标准，由此就对你的产品产生了好感和信任。这时，用户可能就会支持你一下，从而选择你的产品。这就是由你的人设带来的流量和利益。

在运用人设时，既要用好打造人设的三个原则，同时还要围绕自己擅长或喜欢的内容组合出不同的短视频内容，并且要持续地输出。其中，内容要着重突出自己的个性和能力，突出自己是个有血有肉的人。切记：不要做高、大、全的人设，要做真实的、有瑕疵的、有错误的甚至是有意思的真人，这才是最容易让用户接受的一类人设。

打造个人IP,做好自媒体,核心点在于持续地输出对他人有价值的知识。

PART

3

传播裂变

一定要搞清楚平台和用户到底都想要什么。
满足用户的核心诉求,
你才能获得流量红利。

爆款内容

做好爆款内容主要分三步：

第一步：找到好的选题；

第二步：用真人设、真故事随时随地输出内容；

第三步：好的选题反复做。

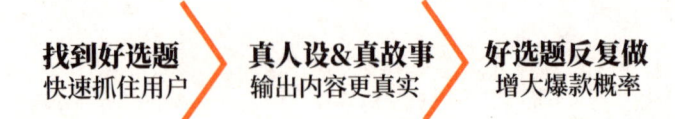

找到好选题 > **真人设&真故事** > **好选题反复做**
快速抓住用户　　输出内容更真实　　增大爆款概率

首先，要做爆款内容，除了要有醒目的标题外，更重要的是选题。在做选题时，只要我们的大脑中产生好的想法或灵感，就要随时随地记录在选题本上，慢慢积累，但不需要同时将其中的内容详细地列出来。要做好爆款内容，选题是根本。选题做对了，就能快速抓住用户，至于里面的内容，可以随着时间发展、平台规则变化等，随时进行调整。

其次，要想做出爆款，在输出具体内容时，还需要进行最后一次的创作和加工。而人在面对镜头时，都会不可避免地产生紧张情绪，在这种情况下，人往往会迸发出很多意想不到的想法和灵感。这些既是你的真实反应，也是你的真实感受，同时也会让你输出的内容更加真实。真人设、真故事，永远都是打造超级个体的真理。这要比你用提前准备好的文案对着镜头阅读有效得多。

最后，作品拍摄完成后，可以直接打上标签发送。如果流量不错，接下来可以继续做投放；如果作品自然流不强，你也可以选择做隐藏。但是，这不表示选题本身有问题。

如果你认为选题有爆款潜质,使其成为爆款的方法就是反复去拍摄同一选题。好的选题反复做,才有可能最终做出爆款的内容。

爆款逻辑

只要掌握两点底层逻辑,就可以在自媒体平台打造爆款:
一、让你拥有的素材流动起来;
二、勇敢地去持续输出。

　　一些自媒体平台的规则是去中心化,其独特之处就在于它不会把流量只分给重量级主播,而是采用公平机制,没有流量倾斜,让每个主播都有"一夜爆红"的机会。
　　想要把自己的内容做成爆款,你就要善于向外拓展。这里你只需要做两件事:
　　第一,要坚持写文案、发视频、做直播,让你的素材

```
写文案 | 发视频 | 做直播
          ↓
  保持素材&个人IP流动性
          ↓
       得到更多关注
          ↓
勇敢 > 持续稳定输出内容 < 利他
          ↓
        打造爆款
```

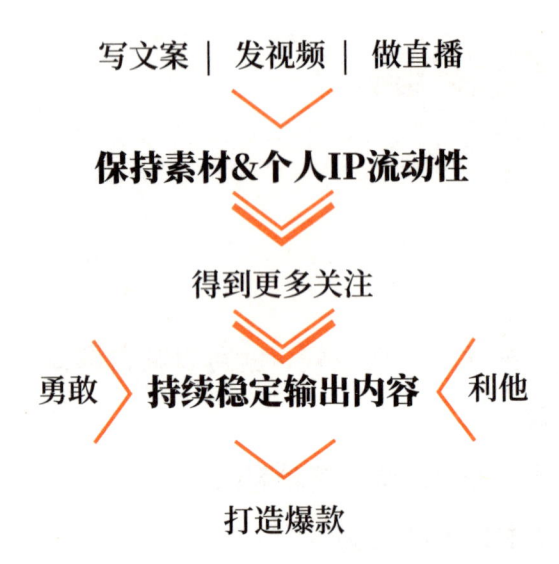

和个人 IP 流动起来。

举个例子,你花费十几年时间成为高级技工,手艺精湛,但如果别人不知道,你的手艺再好也没有价值。因此,想让更多人了解你的手艺,你就要坚持写内容、拍短视频,更要坚持做直播。只有通过这些方式让自己的素材、个人优势流动起来,在全网散开,才会有更多人认识你、关注你。

不要担心自己的内容太浅薄，哪怕你只有一个自认为能拿出手的观点，也要让所有的渠道帮你去分发，如图文渠道、视频渠道、直播渠道等，并且这样分发的流量几乎是没有成本的。

第二，要做个勇敢的人，敢于持续地去输出内容。

我们所有人都不是最优秀的，但我们一定要做个勇敢的人，运用利他思维，去持续、稳定地输出自己的内容和素材。

举个例子，现在很多知名歌手都会放下面子，选择在直播间内销售音乐教程，或者给粉丝表演、唱歌等，不但获得了大量粉丝的支持，还为自己带来了丰厚的收入，同时也拉长了用户在平台上的停留时间，让平台获益。这就是一种利他思维。

现在可以说是最好的时代，也可以说是一个信息爆炸的时代，成功与否，就取决于你有没有跳出惯性思维，勇敢地去做那件可以改变自己的事情。

做好选题

要做好作品，打造爆款，前提是有好选题。好选题的标准包括两点：
第一，有真实的案例；
第二，有真正的干货。

想要做出 2 分钟以上时长，又能被平台认可、被观众喜欢的作品，一个核心方法就是做好选题。通常来说，有两类选题比较容易跨出 2 分钟时长，并且能够持续输出干货。

第一类选题：想要上热门，你的选题中必须要包括有价值的内容，并且你要先给出有价值的结论，再将自己的真实案例融入其中，以真实、自信、自然的状态输出自己

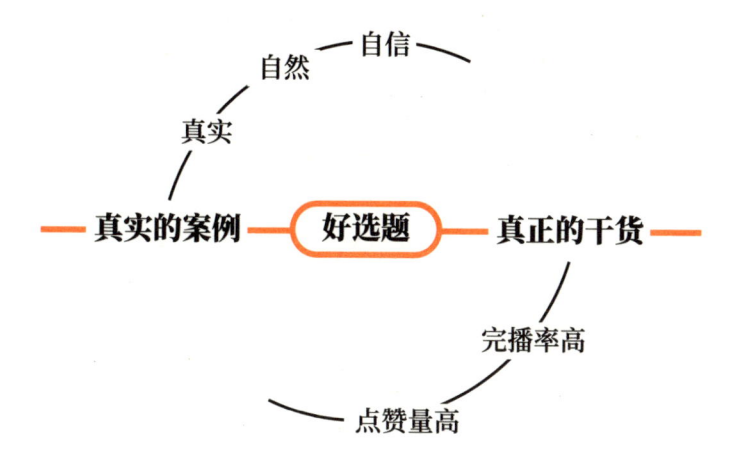

```
        ┌── 自信 ──┐
    ┌ 自然        
  真实            
真实的案例 ── 好选题 ── 真正的干货
                      
                   完播率高
          点赞量高
```

的观点和内容，这样才能吸引更多用户关注你的视频。

第二类选题：内容中一定要有真材实料、有超级干货，这样的视频即使超过2分钟，长达四五分钟，也同样能够获得较高的完播率和点赞量。如果你在一个月之内可以输出至少一条这样的短视频，它就可以成为你打造超级个体的一个关键性锚点。

总而言之，想要在自媒体平台获取流量，获得更多红利，就要能够帮助平台上的用户去解决他们的实际问题。所以，我们一定要搞清楚平台和用户到底都想要什么。满足用户的核心诉求，你才能获得流量红利。

优质输出

想通过输出的内容获取更多用户关注,要掌握下面四个方法:

第一,设置好你的人货场;

第二,以第一人称视角来拍摄作品;

第三,要有吸引人的故事;

第四,要有饱满的情绪。

在自媒体平台输出内容并不难,难的是持续地输出优质内容。这不仅考验运营者的内容创作能力,还考验运营者的内容规划能力。如果你想持续地输出好的内容,就要掌握下面四个方法:

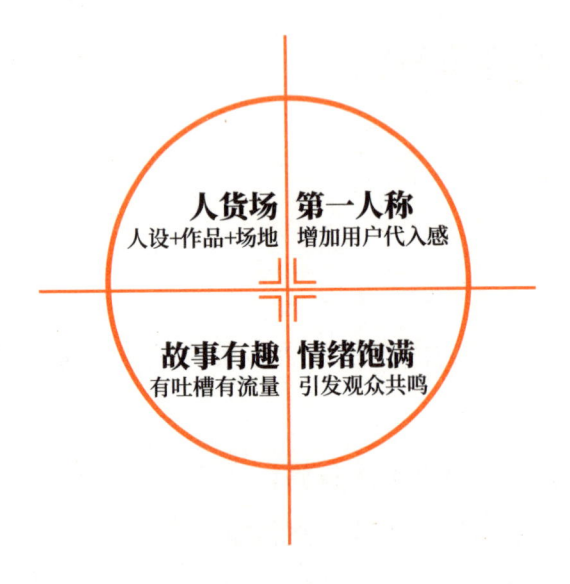

人货场	第一人称
人设+作品+场地	增加用户代入感
故事有趣	情绪饱满
有吐槽有流量	引发观众共鸣

第一，设置好你的人货场。

优质的内容始终离不开的就是人货场，好人设＋好作品＋好场地，你就能撬动更多的流量，吸引更多的用户关注。

第二，以第一人称视角来拍摄作品。

在自媒体平台上，无论是红人还是素人，以第一人称的视角来拍摄内容往往更能增加与用户的链接深度，因为你的视角就是用户的视角。而且，真人出镜的视频也更容易获得用户关注，从而带来更深入的内容触达。

第三，要有吸引人的故事。

优质的内容并不是干巴巴的解说，而要带有一定的故事性，甚至可以设置一些悬念或有些尴尬的剧情，一层层吸引观众，让观众有看下去的欲望。也可以设置一些会遭到吐槽的故事，有吐槽，也就有了流量。

第四，要有饱满的情绪。

现在很多自媒体平台都对情绪价值要求很高，如果你天生比较冷静，或者情绪不外露，是很难获得流量的。在拍摄前，一定要提前酝酿情绪，待到情绪拉满后再拍摄，让自己在镜头前始终保持饱满的情绪状态，这样才更容易引起观众的共鸣。

素材银行

个人 IP 要继续以短视频形式获取精准流量，必须遵循四个字：素材银行。其中包含两个核心点：
第一，随时随地拍摄；
第二，学会混剪素材。

　　个人 IP 想要在自媒体平台完全靠口播视频赚流量、拿结果的时代已经过去了，未来想继续在平台靠口播视频拿到结果，就要摸清它的底层流量思维。
　　口播视频之所以能火爆，主要有两个原因：一是平台鼓励真实生活，大家只要拍拍自己的日常生活，或者拍一些自己对各行各业的理解等，就能引起观众共鸣，因而也

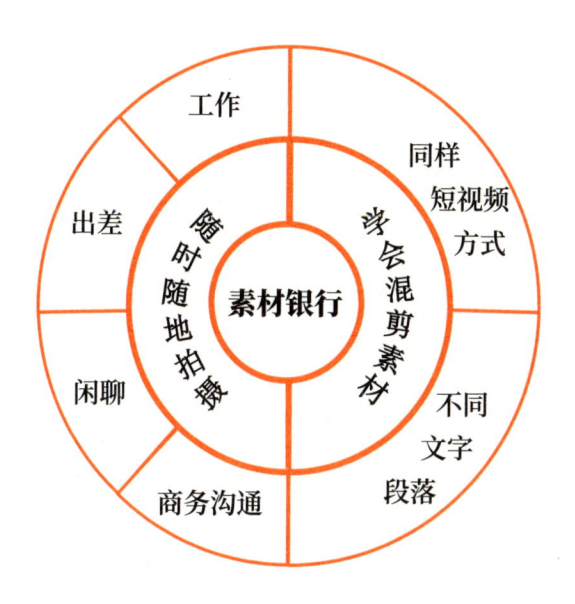

```
          工作
     出差         同样
                  短视频
       随时          方式
       随地   素材银行  学会
       拍摄          混剪
                   素材
     闲聊         不同
                  文字
         商务沟通  段落
```

很容易拿到流量；二是当时口播的视频形式很新颖，真实、接地气，所以便很快占领了用户的心智流量。

但是，现在大家已经完全熟悉了这种模式，对口播视频的新鲜感也逐渐降低。个人IP想继续以这种模式获取精准流量，就要遵循四个字：素材银行。

首先，我建议你不论是在工作、出差、跟朋友聊天，还是跟客户沟通商业问题等，都可以随时录制。如果你是个老板，想做个人IP，就更要拍下大量平时工作的精彩细节，这些内容都会非常真实而吸引人。

其次，要学会混剪素材。每个人的干货知识都是有限的，但爆款却是重复的。有些时候，我们可以用同样的短视频，配上不同的文字，形成不同的段落，包括之前曾经上过热门的素材等，用同样的方式复制一次。如果再加入一些平时工作的开会讨论内容等素材，混剪在一起，就成了一条完整的、新的短视频。当你把这些批量、有价值的素材放入不同账号时，就能从多个账号中获得源源不断的流量。

总之，未来要做个人IP，打造超级个体，对精准内容的要求会越来越高。我们所拍摄的每一条短视频都要对精准用户产生吸引力，只有这样才有可能获得精准用户的询问甚至转化。

持续输出

打造个人 IP，做好自媒体，核心点在于持续地输出对他人有价值的知识。

具体到方法与技巧，主要包括七点：

一、选定核心方向；

二、做好选题文案；

三、情绪要饱满；

四、持续不断输出；

五、多号同时启动；

六、学会付费投流；

七、深耕专业赛道。

现如今，想要在线下拿到结果，就必须要有实力和商

- 选定核心方向
- 做好选题文案
- 情绪要饱满
- 持续不断输出
- 多号同时启动
- 学会付费投流
- 深耕专业赛道

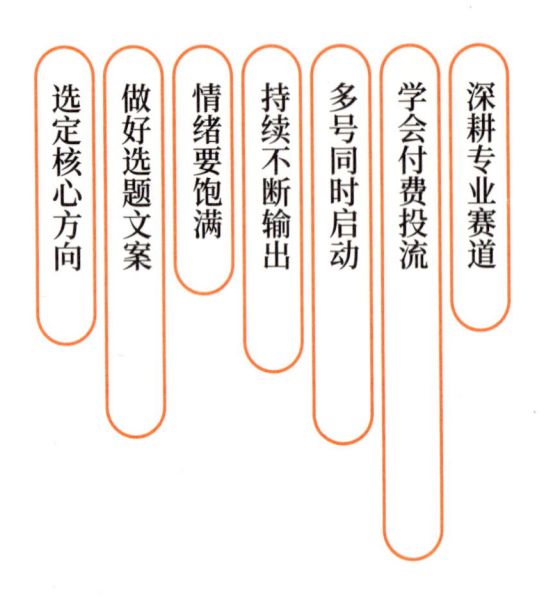

业认知；而想在线上平台拿到结果，就必须要有同理心，能够清楚地知道大多数人需要的是什么。所以，新手小白要做好自媒体，就要找到适合自己的领域，然后产出好的作品，持续不断地输出对于很多人来说有价值的信息和内容。

　　自媒体是以内容为核心的，要做自媒体，首先你就要清楚自己适合做什么、能够做什么。在不了解自己适合做什么赛道时，可以优先考虑自己的兴趣爱好或在某个行业中所拥有的经验。有些时候，哪怕你拥有的是在某个行业中失败的经验，只要你有足够的故事，就可以以此来打造你的真人设、真故事。

选题文案是做好自媒体的基本功，一定要做原创，不要去抄袭别人的文案。同时还要注意，不要做标题党。你输出的内容一定要与标题对得上，否则用户体验感会很差。内容才是真正的硬货，好好打磨不会错。

你输出的内容一定要有饱满的情绪，最好是带有某种强烈的情绪，让情绪透出屏幕瞬间抓住每一个用户。如果你不能在第一时间抓住用户，后面你讲什么干货都没有用。

对于新手来说，在平台上"刷存在感"是很重要的。你必须要有稳定的出头露面时间，不断出现在用户的视线中，不断刷新在用户心中的印象，这样才能让用户记住你。要做到这点，你就要保持稳定的内容更新频率，最好每天都有内容更新，不断积累内容量。量变最终才有可能带来质变。

打造超级个体,时间就是稀缺资源,为了提高成功概率,你可以多个号同时启动,同时发布类似的内容。哪怕最终只有一个"爆"了,其他几个号当炮灰也完全值得。

免费流量是不会长久的,想要获取更多、更精准的流量,就要学会付费投流。但这里也要注意,付费投流只能增加你的直播间曝光率,想要获得高效的投放,你仍然要有优质的内容素材,并且深耕的内容要足够垂直才行。

世界上的昆虫科很多,但你会发现,昆虫都是单向能力发展的,比如螳螂有大钳子,蝴蝶会飞,它们都在专注于自己的核心能力,而不会去发展多种技能。做自媒体也是一样,要善于把你的单一核心能力放大到极致,垂直地去深耕一个方向,并且坚持下去。简单的事情重复做,你一定会有意想不到的收获。

精准对标

精准对标不是粉丝属性的对标,而是账号内容的精准对标。

精准对标五步:

一、定位账号;

二、成长路径;

三、内容属性;

四、数据分析;

五、粉丝群体。

不少自媒体新手在选好自己要做的方向后,便开始着手准备打造超级个体了。但是,打造超级个体光有热情是

定位账号

账号具体做什么
提供什么样的价值
账号如何变现

粉丝群体

粉丝群体是哪些人
有什么样的特质
在我们身边能否找到

成长路径

个人运营or团队
什么渠道发布
更新频率如何

账号内容
精准对标

数据分析

有哪些固有数据
粉丝评论关键词
作品发布时间
发布频次如何

内容属性

如何做内容
有无固定框架
有哪些热门
有哪些高赞选题
如何引流

不够的，还必须有相应的方法和技巧。根据我个人的经验，我认为成功打造超级个体的最佳技巧之一，就是不停地在平台上寻找精准的对标账号，再把这些账号里的内容细细拆解。

在具体拆解过程中，首先你要弄清对方的账号具体是做什么的，主要垂直于哪个领域，可以为粉丝提供什么样的价值，满足粉丝的哪些需求，以及对方的账号是如何变现的，等等。这就是一个账号的定位。在对标的同时，你也可以根据这些思路去完善自己的账号内容。

接着，你要分析对方账号是属于个人运营还是团队操作，主要通过哪个渠道发布内容，他们的更新频率如何，在内容上都做了哪些更新迭代。这是账号的成长路径，我们可以把对方有价值的点记录下来，为己所用。

分析对方账号的内容属性是最关键的一步。一定要记住，我们要精准对标的不是粉丝属性，而是账号内容。比如，你准备做一个与家具相关的账号，那么你要找的就不是自己的同行，而应该是同城房产销售，特别是与新房交付相关的账号，否则你引来的不是同行就是学生，根本无法实现成交。所以，你要分析的就是对标账号是如何做内容的，有没有固定的内容框架，他们有哪些热门内容，有哪些高赞、高转发、高评论的好选题，以及他们是如何引流的，诸如此类。把这些信息借鉴到自己的内容当中，可以让你更好地确定自己的选题方向和网感，少走很多弯路。

数据分析也很重要，你要分析对方账号中有哪些固有数据，如粉丝量、播放量、点赞量、转发量、收藏量、评论量，以及粉丝评论关键词、作品的发布时间和发布频次，等等，找到这些数据的变化趋势和变化规律，从中提取出对自己有价值的信息进行分析。你对数据分析得越详细，就越了解对方。

最后一步，弄清对方账号的粉丝群体都是哪些人，这些人有什么样的爱好、特质、痛点和需求，在我们身边能不能找到对应的群体，等等。

总而言之，在任何一个领域当中，你都不会是唯一的创作者，周围一定会有很多比你更优秀的创作者。要成功地打造自己的个人IP，你就要不断去寻找一个甚至多个精准的对标账号，学习和模仿对方创作的内容、风格、运营模式、变现方式等，最终目的是能够让自己有源源不断的内容素材库。当然，模仿的目标是超越，而想要超越就必须有创新，所以，最终你还是需要打造出属于自己的风格特点，这样你才有可能给粉丝一个独特的记忆点。

了解规则

打造个人 IP 有三个"坑"不要跳：

一、不要照搬他人的内容；

二、不要跟风、蹭热度；

三、不要轻易直播带货。

人不可能从自己的认知以外获得财富，想打造个人 IP，就要记住两点：

第一，多读书，真心分享有价值的内容；

第二，多动脑，坚持做原创。

　　自媒体平台有自己运营的机制，无论你的流量是高是低，是专业机构还是新手，只要内容能为用户提供价值，

多读书＆真心分享 ↑

不照搬他人内容 ↓
不跟风＆蹭热度 ↓
不轻易直播带货 ↓

多动脑＆坚持原创 ↑

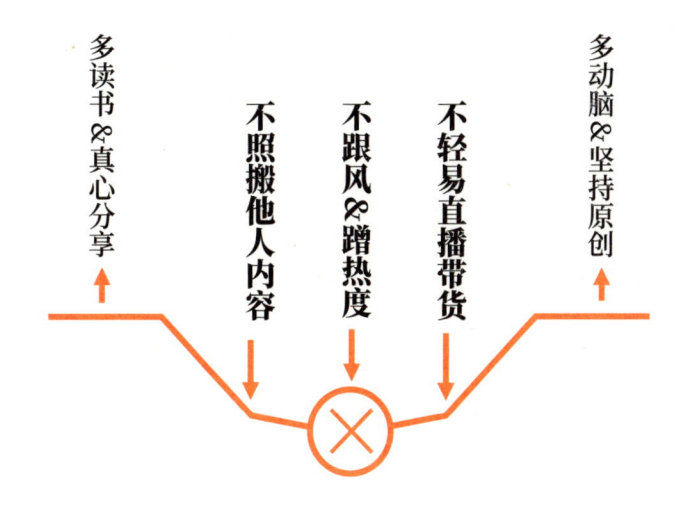

你就会获得更高的曝光率。

  首先，在做个人 IP 前，要学会避"坑"。可以对标别人的账号，但千万不要去照搬别人的内容，一定要自己做原创。否则，你每搬运一次，就会被平台打上一次"搬运博主"的记号，你的流量也会越来越低。想打造真正的个人 IP，最终要靠原创。

  其次，不要跟风，因为你拍同款、蹭热度的能力永远追不上专业团队，而且经常蹭热门还会让自己的账号内容杂乱无章，无法获得精准的粉丝流量。

最后，不要轻易去直播带货，除非你有可靠的供应链来源，产品有过硬的质量，并且前期你已经用便宜甚至免费的方式获取了大量流量。否则，直播带货只会给你带来一堆麻烦，而不是精准的粉丝流量。

那么，我们怎样在遵守平台规则，同时又能避"坑"的基础上，打造出独一无二的个人IP呢？

至少要做到两点：

第一，多读书，真心分享。如果你是卖保险的，就告诉大家如何避开保险的坑；如果你是卖手机的，就告诉大家如何识别优质的和不好的二手手机。

第二，多动脑，认真研究数据，坚持做原创内容。任何时候都不要存有侥幸心理，哪怕你拍了一条自己都知道没什么价值的内容，结果被平台送上了热门，由此就认为上热门很容易，那注定做不长久。

总之一句话：多输出有价值的内容，坚持下去，你就有看到彩虹的那一天。

操作核心

自媒体操作的核心：
一、短视频遵循"录音室逻辑"；
二、直播间遵循"演唱会逻辑"。

　　自媒体是一个内容平台，主要包括短视频、直播间、文章、图集、图片等表现形式。打造超级个体，主要通过短视频操作和直播间操作来进行。
　　短视频操作遵循"录音室逻辑"，其核心是选题和瞬间爆发力。只要你能在平台上找到相应的对标账号，对选题进行对标、借鉴，再用自己的语言组织文案，之后重复拍摄，最后从若干拍摄好的视频中选出自己认为最好的一

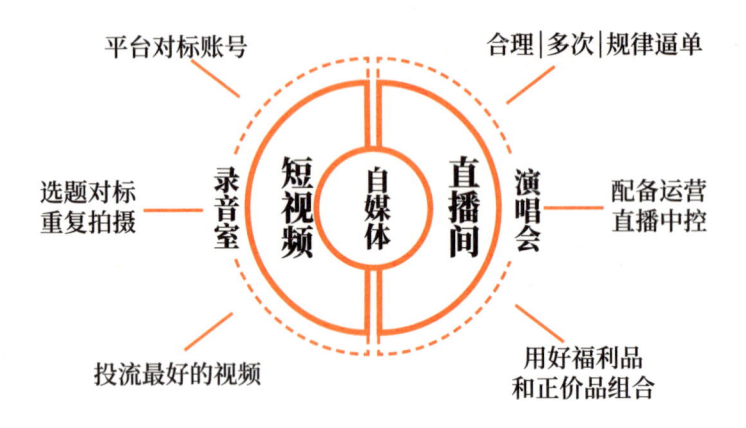

```
        平台对标账号              合理|多次|规律逼单

选题对标         录    短   自   直    演       配备运营
重复拍摄         音    视   媒   播    唱       直播中控
                 室    频   体   间    会

         投流最好的视频               用好福利品
                                     和正价品组合
```

个进行投流,你就有可能获得更高的流量。

显然,以上逻辑并不适合直播间。直播间操作的核心更加简单,就像演唱会一样,积极展现自己的特点、优势,并与用户不断互动,想方设法把人留在直播间内,实现流量变现。

提升直播间流量变现的三个原则:

第一,进行合理的、多次的、规律性的逼单。这是电商直播间操作的核心,如果没有电商成交数据,平台就不会再为你推流。

第二，当直播做到一定程度，拥有不错的场观数据后，就需要配备运营和直播中控，以便完善更多细节，确保直播过程更加流畅。比如，在直播过程中，可能需要统计用户互动数据，或者根据评论区用户需求随时调整商品数量等。

第三，利用好福利品和正价品的组合。比如，在与用户互动过程中，告知用户在拍下正价品后，可以附赠一份礼物。这种方式听起来简单，但从数据上看却非常有效。

总而言之，不论你通过哪种方式做自媒体，其核心都是内容输出。想要持续地输出有价值的内容，守正出奇是核心本质。如果缺乏基本功，无论如何操作自媒体也很难有效果。

捕捉热点

在平台上做好内容，至少要用 10% 的核心来做市场热点选题。

市场热点的选择要遵循以下四个原则：

一、要迅速；

二、要坚持用户导向；

三、要有价值；

四、要有垂直度。

　　找选题很容易，定选题却很难，尤其是做热点选题时。热点天天有，只有学会选择、准确切入，才能抓住有效热点。而且，热点选题还一定要直击人性底层，并能够从专业角

- 要迅速：从专业角度分析爆款
- 要坚持用户导向：以用户需求和痛点为前提
- 要有价值：满足需求&解决痛点
- 要有垂直度：选取的热点与人设定位匹配

度去解析，才能吸引更多的精准用户关注。

在捕捉热点时，主要遵循下面四个原则：

第一，选取热点要迅速。

速度是非常重要的，你能否进入流量的第一梯队，很大程度上取决于你的创作速度。你可以在网上多关注一些热点爆文、爆款视频等，从中选择适合自己的内容，再从专业角度去分析和输出内容。

第二，选题内容要坚持用户导向。

不论选取什么样的热点内容进行解析，都要以用户需求和痛点为前提，不能脱离自己的用户群体。

第三，热点内容对用户来说要有价值。

要想对热点进行解析，就要确保你所解析的内容中有"干货"，你所输出的内容对于用户来说是有价值的，要么能满足用户的某些需求，要么可以解决用户的某些痛点，这样才能让用户有关注和传播的欲望，从而达到内容的裂变传播。

第四，选取的热点要有垂直度。

选取市场热点，不能为了选取而选取，要确保自己选取和解析的热点内容具有一定的垂直度，以提升你在专业领域的影响力，更好地打造个人 IP。这就需要你所选取和解析的热点内容与自己的人设定位相关联、相匹配，不能盲目地追求热点。如此才能吸引到更多的精准用户，同时提升用户黏性和持续的跟随性。

独特故事

制定内容策略最后 10% 的核心是打造故事的独特性。

故事内容一定要与用户有联系，能够引起用户共鸣。

真正能够打造好超级个体的人，都是会讲故事的人，并且他们所讲述的故事内容从来不是生搬硬套或伪原创出来的，要么是自己的真实经历，比如"我的 10 年"，就是在用一个强标签来定位自己，让用户知道自己的特定人设和自己所讲述故事的独特性；要么是把某个人物放入特定的环境中，通过一段或几段特殊的场景、特殊的行为、特殊的故事内容来彰显这个人物的特征，以及他的人设、价值观等，由此也能更加清晰地展现自己个人IP的特质，给用户留下深刻的印象。

比如，2022年的一个视频《回村三天，二舅治好了我的精神内耗》之所以能爆火，就在于作者讲述了一个很特别的故事。它给用户的感觉是既真实又朴素，仿佛"二舅"就是自己身边的某个人，甚至就是自己，因此也很容易地戳中了观众的心，引起了观众的共鸣，使观众的感动、心疼、惋惜等情绪一下子都涌了上来。

需要注意的是，在打造故事时，要尽量让故事内容与用户建立关系。比如，你要在故事中讲述自己的成功经历，就要让用户觉得，你现在的成功跟他是有关系的。你曾经也像他一样，是个普通人，他只要肯付出一定的努力，也同样能像你一样成功。这种普通人的逆袭经历，永远都是最吸引用户的。

当然，你的内容一开始也许没有上热门，不要灰心，可以去看看别人发的同类内容，借鉴其中的优点，再回来修改

- 特殊场景　　　故事内容
- 特殊行为　　　彰显人设

用故事讲述真实经历

故事内容与用户有关系

- 只要付出努力　　戳中内心
- 同样会成功　　　引发共鸣

自己的内容,直到自己感到满意,然后将其置顶到自己的账号里。多次尝试后,你的故事也一定会有成为爆款的可能。

真正能够打造好超级个体的人，都是会讲故事的人。

正确的商业思维
是不要对抗人性。

PART 4

链接心智

只有在垂直类目中，成为用户的第一选择，就是链接用户心智，才能打造真正的超级个体。

忠诚用户

付费用户就是忠诚用户。

忠诚用户的三个特点：

一、大力支持你的作品；

二、对你的作品长期喜爱；

三、其完播、互动数据远高于平均水平。

"二八定律"告诉我们，20%的重要客户可以创造80%的利润。而你的付费用户，就是这20%的重要客户，也是你的忠诚客户。

一般来说，忠诚用户在整体用户当中所占比例较低，为10%～20%，并且这个比例还会随着整体用户量的增加

- **大力支持你的作品**
  20%重要客户创造80%利润

- **长期喜爱你的作品**
  付费行为，占平台50%
  付费率，比其他用户多6倍

- **完播&互动数据高**
  忠诚用户视频流量更稳定

而降低。但是，平台中一半以上的付费行为都发生在忠诚用户之间，其付费率是其他用户的6倍以上。举例来说，如果你是一位知识付费主播，做知识付费产品，那么你的忠诚用户就占了你课程的大部分销售额。

很多人做自媒体都热衷于"涨粉"，觉得自己的平台用户越多越好。实际上，如果增长的不是精准用户，那么"涨粉"意义就不大。"涨粉"要增长精准用户，最好是忠诚用户，他们才是你真正要找的付费用户。

在自媒体平台，为了让视频流量更加稳定，平台会逐渐增加你的作品在忠诚用户中的曝光率。简单来说，你的视频基本都会推给你的忠诚用户，这也会让你的作品拥有比较稳定的播放量。但反过来说，这会让你的作品很难出圈。以往的触达规则，是平台把每个人的视频都比较随机地分配给"泛粉"，根据外围用户的触达和反馈情况，去推算后面是否需要继续为你推送流量。但是，现在你新发的作品会优先推送给你的忠诚用户。在这种情况下，如果你经常发一些类似内容，就容易让忠诚用户失去兴趣，作品也难以突破自己的流量池。

当然，这种方式对于刚刚起号，准备做超级个体的新手是非常有利的。而拥有一定粉丝量的个人IP，想要破圈，就必须不断迭代自己的框架和内容。忠诚用户像一把双刃剑，会在一定程度上禁锢你的用户量增长，用户不增长，尤其是忠诚用户不增长，最直接的影响就是变现率的实现。

链接心智

只有在垂直类目中，成为用户的第一选择，就是链接用户心智，才能打造真正的超级个体。链接用户心智的核心方法有三步：
第一步：做垂直方向；
第二步：找到精准的对标账号；
第三步：吸引垂直流量。

个人 IP 的实质不是粉丝量，而是垂直精准的粉丝变现可能性。没有核心的用户心智，是不可能形成个人 IP 的。

以汽车领域为例。在平台上，有很多拥有几百万、几千万粉丝的大汽车博主，他们日常的工作就是写段子、搞

```
泛粉没有太大意义
    ↓
吸引垂直流量
    ↓
有需求时首先想到专业媒体
    ↓
找到精准的对标账号
    ↓
有核心的用户心智
    ↓
做垂直方向
```

剧情,跟汽车几乎没什么关系。那么,他们的这几百万、几千万粉丝有没有价值呢?

实际上,这些汽车博主的账号都属于汽车娱乐号,他们真正的盈利方式主要靠官方的星图广告。但是,当你有购车需求时,首先想到的往往不是找熟人、找朋友,而是去寻找那些非常专业的汽车媒体。这就是垂直类目对用户的心智占领。

所以,平台上的那些剧情号、搞笑号等虽然拥有大量的粉丝,但其实并没有什么太大的意义,因为他们缺乏核心的用户心智，也根本无法形成个人 IP。只要占领了用户心智，哪怕你只有几百个粉丝，也同样能做到轻松变现。

思考人性

正确的商业思维是不要对抗人性。做到以下两点才更容易成功：

第一，从战略上讲，要学会"认命"；

第二，从战术上讲，要学会自敛锋芒。

很多人认为，创业、做生意就必须努力，把不可能变为可能，把不成功变为成功。其实，有时过分努力并不一定能拿到结果。顺应人性的弱点，通常可以更简单、更容易地面对周围的一切。

首先，从战略上讲，要学会"认命"。

"时来天地皆同力，运去英雄不自由"，时机不对，

战术

战略
学会"认命"
想要成事
人力三分
客观七分

学会自敛锋芒
不要急于立山头
不要急于称王称霸
要把小事做好

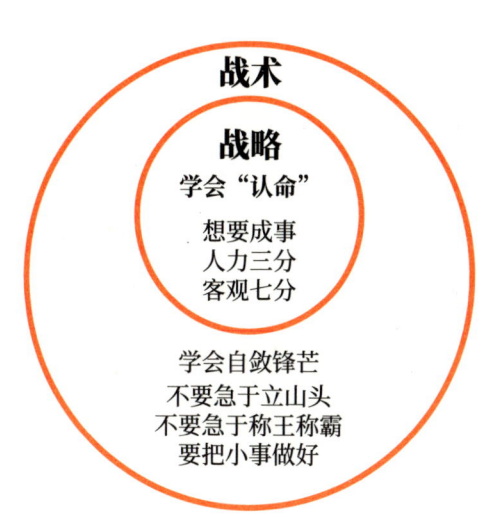

努力白费。在不该投资创业的时候，你去创业，肯定是看不到成果的。就像现在很多创业者，每天日夜奔忙，十年磨一剑，以为这样就能获得自己期望的成就。没想到等自己"磨成剑"后，忽然发现，好机会早已流失了。曾国藩曾说："事功之成否，人力居其三，天命居其七。"一个人想要做成大事，获得成功，人力只能起到三分作用，主要还是看客观条件，甚至说要看运气。所以，学会认命不是坏事。

其次,从战术上讲,要学会自敛锋芒。

任何一项事业都有瓶颈,这是由商业的底层思维所决定的,因此在事业发展到一定程度后,要学会主动放下。

举个例子,你的企业一年大约有 500 万元的盈利,那么在做到盈利 80% 以后,你就可以把生意交给一个合适的合伙人打理,自己去寻找更大的生意,甚至是自己人生中的使命。

相反,如果你做事目的性太强,整天开口闭口都是生意,很可能会落得个唯利是图的坏名声。不仅如此,有时生意做得太好还容易遭人妒忌。有句话说得好:"不患寡而患不均。"这是人性使然,我们不要去试图对抗。

做事不要急于立山头,也不要急于称王称霸,要先学会自敛锋芒,一步步把小事做好。日积月累,必定会有所收获。

留住用户

掌握直播间推流顺序：先推老用户，再推新用户，最后推陌生人。

对老用户，热情打招呼，积极互动。

对新用户，介绍自己及直播内容。

对陌生人，提供核心用户价值。

在平台实现流量变现的最好方式，就是直接在直播间内产生销售行为。而要想提升直播间内的销售数据，就需要平台推流。平台在给直播间推流时，一般会根据直播间的用户平均停留时长和千次观看成交额来进行衡量，所以，想要获得更多推流，就要不断延长自己直播间的用户平均

```
老用户  →  新用户  →  陌生人
热情打招呼&积极互动    介绍自己&直播内容    提供核心用户价值
直播间消费过的         有互动&未成交的      未进入直播间&系统推送的
```

时长，提升千次观看成交额。

一般来说，平台给直播间推流时，会满足一个简单的顺序，即先推老用户，再推新用户，最后推陌生人。老用户就是之前在你的直播间消费过的用户；新用户则是加了你的粉丝团，在直播间中与你互动较多，但尚未成交的用户。陌生人的来源则有两种：

第一种，之前从未进入你的直播间，通过投流后吸引来的用户；

第二种，系统根据你的直播数据，自然推给你的人流。

在直播过程中，前5～10分钟会有第一波的急速推流，这时进入直播间的主要是老用户和一部分新用户。老用户可以很好地帮你固定直播间的停留时长，如果能把80%的老用户留下来，新用户再进入直播间时，就会发现你直播间内的场观不错，他们也更容易留下来。

这就要求你在刚开播时，学会跟用户打招呼，积极地进行互动，并且直接说出你是谁、你直播内容的重点是什么等，尽量把直播间的"贴片"用好。你不知道用户何时会进入直播间，他们刚进来时，同样不知道你是做什么的，所以你要展现出各种信息，让对方快速了解你和你的直播间，以及你的直播间能够提供给他们的价值是什么。

对于陌生人，其有效方法就是提供核心用户价值。在直播前，你可以先准备好5～10个核心的、在之前直播时积累下来的重要问题，在直播期间与用户交流。与此同时，你还要根据之前的直播数据，总结出自己的留人话术和直播话术，尽可能将陌生用户留在直播间。

这里有两个吸引陌生人的小技巧：

第一，在开播之前设置一个有特色的封面，让人一看到就想点进来。

第二，做好直播间内的动态设置，因为当用户从你的平台商城向下滑时，会首先看见直播间的封面，之后会出现一个动态小视频。如果用户没有通过封面展现进入你的直播间，你就要努力通过这个小视频吸引用户进入，否则用户就会离开。

这就像一个"漏斗效应"，你的直播间展现给用户的信息是一点点减少的，如果从展现转化率到点击转化率都太低，后续你就无法获得更多的流量。

当然，真正决定直播间长期稳定高场观的重要因素，还是千次观看成交额。平台在为个人直播间推流时，并没有赛道区别，而是在同一时间段内选取更有价值的直播间优先推流。想让直播间长期有流量，你就需要不停地拉高自己直播间内的流水。

了解用户

深度了解用户主要包括四个维度：

一、人口属性；

二、信誉属性；

三、消费特性；

四、兴趣爱好。

要做好自媒体，在运营之前必须先做好用户画像，明确自己的账号定位，知道自己面对的是哪类用户群体，有什么样的用户特征，这样才能更有针对性地输出内容，吸引用户。

用户画像主要包括四个方面：

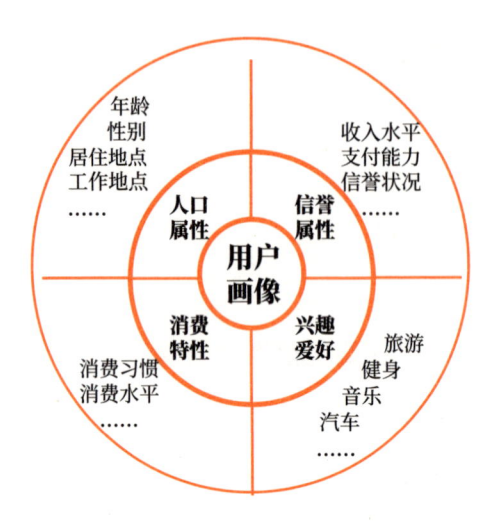

```
        年龄
        性别                收入水平
        居住地点              支付能力
        工作地点              信誉状况
        ……
              人口      信誉
              属性      属性
                   用户
                   画像
              消费      兴趣
              特性      爱好
                                  旅游
        消费习惯               健身
        消费水平               音乐
        ……                    汽车
                              ……
```

  首先，你要了解人口属性，包括对方的基本信息，如年龄、性别、居住地点、工作地点等。根据这些确定目标用户的整体属性，推断出用户集中的区域。

  其次，要了解用户的收入水平、支付能力、信誉状况等。比如，那些信誉分数较高的人，普遍具有一定的理财能力。掌握了这些信息，会有助于你定位自己的目标用户。

  再次，要了解用户的消费习惯、消费水平等。比如，一些经常消费的用户通常具有较强的购买力，针对这部分用户，你就可以推广一些相对高端的产品。

最后，要了解用户的兴趣爱好，他们是喜欢旅游还是喜欢健身，或者喜欢音乐、汽车等，据此判定他们可能喜欢的内容，或者向他们推广有针对性的信息、产品等。

这里需要注意的一点是：在推广内容或产品时，你不需要遮遮掩掩、绕来绕去，也不需要留给用户思考时间，只需要让他们看到你的推荐后，就知道你推荐的就是他们需要的。大多数情况下，用户都是在一个比较私密的环境下观看自媒体平台的内容的，并且只看自己感兴趣的内容，这就要求你在一开始的前3秒就要抓住对方的注意力，让对方不要离开，并且让对方知道，他的需要、他的问题你可以帮他解决。只有达到这种效果，用户才会为你输出的内容或推荐的产品买单。

用户痛点

内容策略中 30% 的核心是寻找用户痛点，做痛点选题。

要寻找用户痛点，最直接有效的方法就是站在用户的角度思考问题。

什么是痛点？

痛点的本质是未被满足的刚性需求，它可能源于用户内心的缺乏，或是对现状的不满，或是对理想生活的渴望，也可以是用户在日常生活中遇到的亟待解决的麻烦、困难、各种阻碍等。简单来说，痛点就是用户在意的、想要解决的问题。

在平台上做内容的核心，就是找到最能跟你的价值贴近的一群小众用户，再直击痛点。找痒点是没有用的，"挠痒痒"永远解决不了用户的核心问题。平台上的用户很忙，其第一诉求就是直接刷走，如果你的作品不能在很短时间内抓住对方痛点，就很难吸引对方。因此，你的作品内容必须直接讲重点，给用户传达出这样的信息：你的"痛"就是我曾经的"痛"，现在我已经解决了问题，我可以给你"止痛药"。

寻找用户痛点的有效方法，是从观念上站在用户角度思考问题。要知道，你做出的内容最终是要面对用户的，站在用户角度，感同身受地体验用户痛点，才有可能切合实际地解决用户问题，满足用户需求。

在做内容时，痛点选题是最核心的。找到用户的痛点，基本就等于拿到了解决问题的钥匙。很多超级个体之所以能打造成功，就是因为很好地切入了用户痛点，并不断深化，提出一整套解决方案，用最方便、最简单的形式来服务用户。

用户思维

内容策略中 20% 的核心是以用户思维做选题。要明确用户需求，至少要从三个维度了解用户：

一、用户在哪里？

二、用户有哪些喜好？

三、用户数据如何？

    好的品牌和好的内容，都不应该是闭门造车。想要做爆品，最根本的就是要抓住用户的心，打造内容的过程也一定要有用户的参与。想要把内容策划好，就要把"我"和"你"连在一起，变成"我们"。"我们"属于同一类人，我有我的解决方案，可以帮你解决类似问题。"我"可以

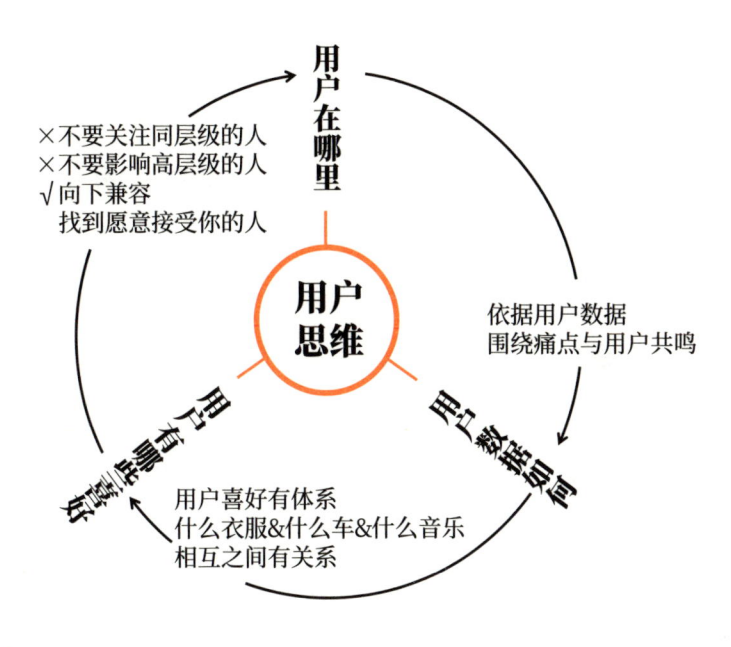

```
                    用户
                    在哪里
  ×不要关注同层级的人
  ×不要影响高层级的人
  √向下兼容
    找到愿意接受你的人
                                  依据用户数据
              用户                围绕痛点与用户共鸣
              思维

         用户喜好有体系
         什么衣服&什么车&什么音乐
         相互之间有关系
```

站在用户视角理解你，圈外的"你"可以进来。

　　举个例子，假如你刷到平台上有个题目，是新东方的直播间为新东方主播的名字申请标签。此时，如果你从事知识产权服务，就要赶紧抓住这个热点，用一个相对破圈的话题去吸引对应的用户，同时展现出自己的专业性，这样就会让相关用户关注你。而当对方有这方面需求时,也会找到你主动破圈。

以用户思维做内容策划,必须要对自己的用户有明确的了解,了解维度一般有三个:

第一,你的用户在哪里?

想要通过获取流量来获取财富,首先要明确一点,就是不要太关注与你同一层级的人,也不要想去影响比你层级更高的人,而是学会降维。比如,你是大学本科生或研究生,那么你所做内容的受众用户就不应该再是本科生或研究生,更不应该是博士生,而应该是初中生、高中生。学会向下兼容,才更容易找到愿意接受你内容的用户。

第二,你的用户喜欢什么?

用户喜好通常会有一个完整的体系,比如他们喜欢什么样的衣服、喜欢什么车、喜欢什么类型的音乐等,相互间都是有一定关系的。

举个例子,现在很多人喜欢买平替产品,这类用户中,一部分经济条件较好的人可能是为了藏富,不想让自己看起来那么富有；还有一部分中产则是为了有面子，产品质量不错，价格又比奢侈品便宜很多，觉得值得购买。如果你能做出一个品质很好的平替产品，就可以满足这部分用户的需求和喜好。

第三，有多少用户喜欢你的内容？

数据往往比用户更懂用户，用户数据也决定了你最后能不能围绕痛点与用户产生共鸣。

知道用户在哪里，了解用户的喜好，掌握用户数据，在此基础上做内容，你才能真正锁定用户。

流量红利不会消失,
只是悄然发生了转移。

PART

5

抓住红利

在自媒体平台获取财富的本质，
就是理解流量思维。

流量打法

想低成本、高效率地获取流量,就要学会以下四种流量打法:

一、有效"批评"人;

二、做爆品视频;

三、靠"量"取胜;

四、直播间直接立人设。

流量即市场,这句话一直没变。20年前,流量好就是人流多,流量也是商家必争。现在,能够在自媒体平台上获取流量,同样是平台用户最关注的事。

总体上来说,在自媒体平台获取流量有四种有效的

```
         专业角度点评
          自媒体大号
        有效"批评"人
                      依托媒体|策划|运营经验
                          做爆款引流

   直播间立人设        做爆品视频

  直播间切片短视频
    流量互通
              靠"量"取胜
            大量输出优秀内容
              投流加热
```

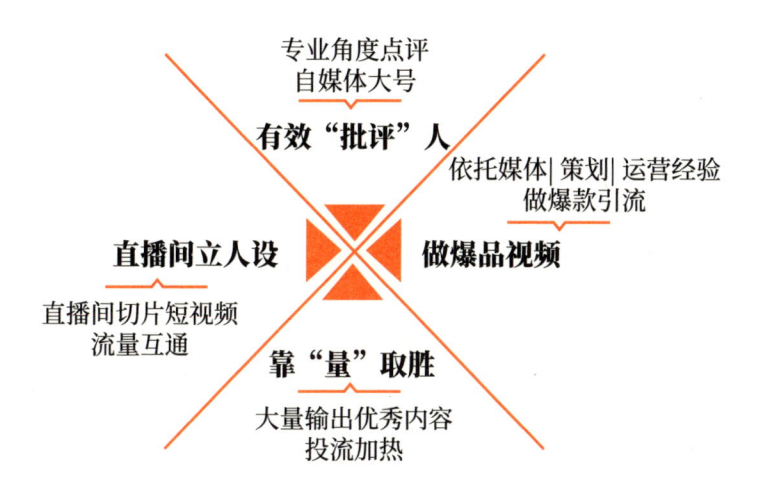

打法：

第一种打法叫有效"批评"人。如果你是某个行业内的专家，或者对某个行业内的内容比较精通，就去浏览这个行业中的一些自媒体大号。如果你发现某人的观点从你的专业角度来看确实是有问题的，那就抓住这个切口，名正言顺地去"批评"对方，这会让你很快获得流量。

第二种打法，如果你此前做过媒体、策划、运营、品牌PR等方面的工作，对自媒体比较敏感，就要尽最大努力去打造爆品短视频，为你的账号引流。

第三种打法是要靠"量"取胜。只要短视频内容优秀，每天多发一条短视频，你就能为自己多引来几万、几十万的流量。大量输出优秀内容是获取流量的不二法则。一旦有一条短视频登上热门，"转粉率"较高，你再通过投放"抖加"或其他广告费用为该条短视频加热，继续提升视频播放量与互动量，就能为自己吸引更多的流量。

第四种打法，也是最关键的一种获取流量的密码，就是在直播间内直接立人设。现在，短视频流量日渐枯竭，流量红利则基本都集中在直播间内。如果你曾在线下拿到过结果，就要想方设法打造出一个舒适的、可以持续输出优质内容的直播间，并且直接在直播间内立人设，通过直播内容为自己引流。如果你在直播时情绪饱满，输出内容优质，直播间内人货场搭配到位，那么通过直播间内切片做出来的短视频同样会有很高的传播效率，用户也可以通过这些直播切片视频进入你的直播间。如此一来，你的短视频与直播间流量之间便打通了，你的直播效果越好，直播切片越好，对应的短视频就越好。双方互相引流，流量循环起来，流量也会越来越好。

抓住红利

平台供需失衡产生流量红利。内容供给不足，就会为创作者带来流量红利。

抓住流量红利的方法：

一、紧跟红利趋势，输出内容；

二、从细分、垂直方向解决用户实际问题；

三、利用线索类直播间积累用户资源。

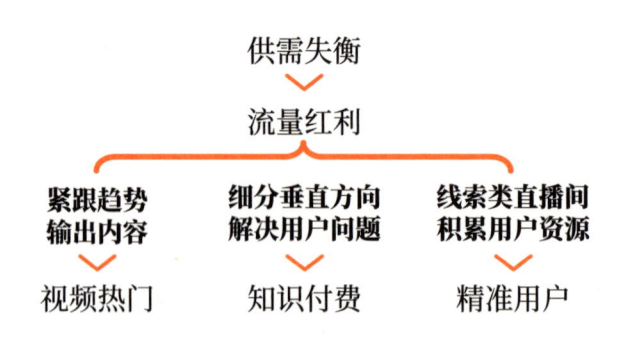

```
        供需失衡
           ▼
        流量红利
  ┌────────┼────────┐
紧跟趋势  细分垂直方向  线索类直播间
输出内容  解决用户问题  积累用户资源
   ▼         ▼           ▼
视频热门   知识付费      精准用户
```

任何平台在成长期都会出现流量红利，在成熟期红利会逐渐消退，而流量红利的形成和消退都是因为供需失衡。对于任何一个自媒体平台来说，如果用户多、内容少，内容供给不足，就会出现创作者流量红利；一旦创作者增多、内容增多，就会内卷起来，最终每个人能获得的流量红利就会减少。我们需要洞察红利，并随时将变现渠道切换到流量红利当中。抓住流量红利的方法有以下三种：

第一，紧跟红利趋势，输出内容。

"三农"领域是目前的流量红利，如果你可以做这个细分领域的内容，并且想获得这部分红利，就需要输出相关内容。如果你是一个地道的农民，可以直接到田间地头，拍摄各种与农业相关的短视频。只要你的视频能登上小热门，就可以在直播间销售农产品，并且会有流量扶持。如果你不是农民，想涉足"三农"题材，也可以去田间地头寻找和拍摄一些与农业相关的素材内容，让视频的整体感觉靠近"三农"，同样也能获得一波流量红利。

第二，从细分、垂直方向解决用户实际问题。

现在，知识产品已被越来越多的人当作可以售卖的虚拟产品，并且内容越垂直、越细分，越能解决一部分人在生活中遇到的实际问题，销售效果就越好。如果你拥有这方面的资源，可以做成相应的课程，以知识付费产品的形式获取红利。

第三，利用线索类直播间积累用户资源。

线索类直播指的是直播间内带有服务号在线咨询贴片，用于收集用户信息。比如，一些从事保险、医美、公考类方向业务的机构，他们往往具有一定的服务能力，但缺乏生源。这时，你就可以通过自己的短视频和直播间去获取更多精准有效的生源信息，积累用户资源。

流量红利不会消失，只是悄然发生了转移。想要获取流量红利，就要及时洞察流量的趋势变化，并快速调整自己的运营策略，将自己的变现渠道切换到正处于红利期的平台或渠道中。

流量思维

在自媒体平台获取财富的本质,就是理解流量思维。

流量就是优质内容的无限分发。

流量就是财富。

在互联网时代,普通人想要在自媒体平台打造超级个体,并没有什么门槛。想要成功,抓住流量红利,一个核心本质就是理解流量思维。

流量可以分为两部分,一部分叫自然流量,也叫免费流量;另一部分叫付费流量,或者叫精准的靶向流量。在自媒体平台,有了流量,你就可以通过转化达到变现的目的。

自然流量
内容运营→积累粉丝→变现

靶向引流→流量转化→变现
付费流量

　　自然流量一般是通过内容运营的方式积累自己的粉丝用户，积累到一定数量后，再进行变现。但是，自然流量变现的逻辑是建立在私域流量基础上的，这时你如何持续地输出用户感兴趣的内容就成了重中之重，再加上各大平台对质量度的把控，即使真正积累起了一定的精准用户，平台也不会一直让你免费获利。

　　以现在的一些头部电商为例，一开始为了吸引更多商家入驻，都会免费为商家提供流量。但是，当你在平台获得一定的流量后，平台就会推出精准而有条理的付费流量体系，否则你的变现就会越来越难。要知道，电商在中国发展了十几年，最不缺的就是商家和供应链，你想在一个平台上持续地拿到流量和红利，就不可能一直依靠自然流量，而是要靠付费流量，找到属于自己最精准的流量池。

不过，有一些自然流量也是可以持续地帮你拿到红利的，前提是你能够在一个垂直领域做得非常出色，比如成为某个领域的知识博主。电商供应链可以随时被取代，而知识的取代效应并没有那么明显，只要你能持续地在平台上为用户提供真正有价值的知识和内容，平台上就很少有人能取代你，那么你就有可能通过平台的免费流量持续地获得红利。

流量变现

流量变现的六条核心认知：

一、要有未来意识；

二、具备一定的投资理念；

三、学会做利基市场；

四、积极做投流；

五、为自己打造精准标签；

六、将自己打造成行业 IP。

在自媒体平台上，获取足够多的流量只是第一步，在拥有充足流量基础上同时拥有强大的变现能力，才是最终成功的关键。

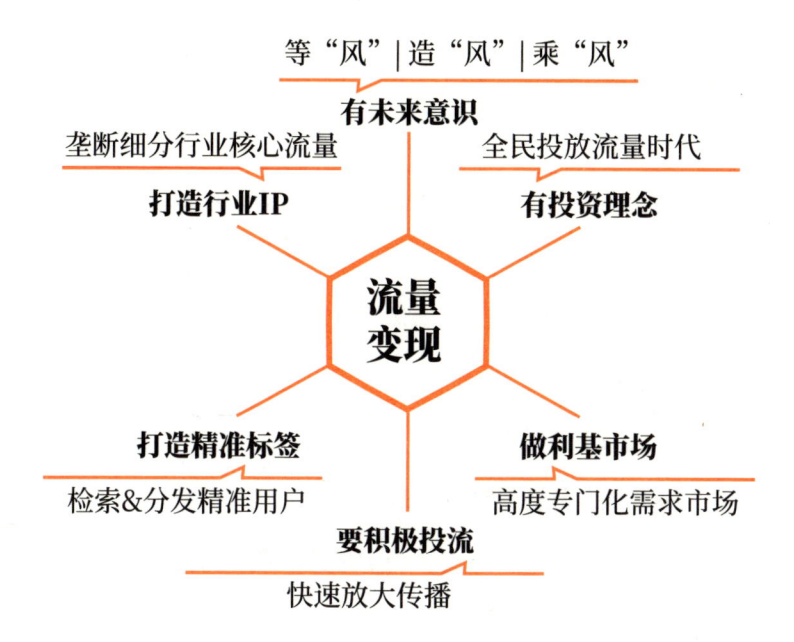

```
                    等"风"|造"风"|乘"风"
                       有未来意识
  垄断细分行业核心流量        全民投放流量时代
       打造行业IP              有投资理念

                     ┌─────────┐
                     │  流量   │
                     │  变现   │
                     └─────────┘

       打造精准标签              做利基市场
  检索&分发精准用户          高度专门化需求市场
                       要积极投流
                       快速放大传播
```

流量变现通常要遵循六条核心认知：

第一条：具有未来意识，能够预判未来。

一是等"风"来。你能够预判未来两三年甚至5年后，哪个领域可能会出现商机，然后提前布局，等待机会的到来。二是自己造"风"。这种方式很难，个人往往难以做到。一个典型的案例就是滴滴打车。以前用户是不会用打车软件打车的，而滴滴打车投入上千亿元，才"造"出了用户的使用习惯。三是乘"风"而起。也就是说，此时某些行业内已经有人做得很好了，你也想涉足其中分一杯羹，这种方式的难度可想而知。

第二条：具备一定的投资理念。

目前在自媒体平台上，由于付费流量的大量介入，自然流量的机会急剧减少。自媒体平台已经完全进入全民投放的时代，需要我们具备一定的投资理念。如果你只想利用自然流量变现，那么你在自媒体平台上成功的机会就会很少。

第三条：学会做利基市场。

所谓"利基市场"，就是那些高度专业化的需求市场，或者叫精细化市场。比如，服装市场是个大类目，这个类目下的"小个子微胖牛仔裤"便是一个利基市场。当你能够在一个细分领域内获得很高的ROI（投资回报率），拥有很高的复购率时，你便已经在这个行业内深耕了。不仅如此，你在该行业内的投放完全可控，不会受任何平台影响，因为在这种流量水平上你是没竞争对手的。

第四条：积极投流，努力把自己打造成为头部主播。

在自媒体平台，爆款的影响力是巨大的。举个例子，在传统广告市场上，想要获得千万级别播放量的短视频，可能投放上千万元的预算才能达到效果；但在自媒体平台，如果找对方法，一般只需几百元到几千元的投放就能达到效果。所以，想要快速进入更大的流量池，就要学会积极投流，哪怕有一丝机会，也要将自己打造成为头部主播，实现流量变现。

第五条：为自己打造精准标签，获取精准用户。

自媒体平台标签的最大作用，就是帮助系统描述和分类内容，便于检索和分发给具有相同标签的人。如果你想获得精准用户流量，就要努力打造自己的精准标签，让你的视频内容和直播内容被更多潜在用户看到，为自己喜迎更多的精准用户。

第六条：将自己打造成为行业IP。

在自媒体平台，一旦你有了个人IP，你的个人信息就会被系统捕捉和记忆，这样你以后再投放任何作品时，成本就会很低，而效率却会很高。不仅如此，个人IP流量是有记忆点的，后面的转化率也会不断提高。所以，如果你能把自己打造成为一个行业IP的话，那么你就有机会垄断这个细分行业的核心流量。

撬动流量

要撬动平台流量，关键在于有好作品，决定作品好坏的标准有两个：完播率和点赞量。

在自媒体平台上，一般包括三个层级的短视频内容：最低层级的是上传自己喜欢的视频，但这类视频一般不能获取太多流量；第二层级是上传一些所谓"粉丝"喜欢的精准作品，也同样难以上热门；最高层级就是上传系统认可的作品，这是最容易上热门的。

但是，自媒体平台是一个智能系统，本质上并不能区分作品的好坏，它判断作品好坏的标准有两个：

第一个标准叫作完播率，或者叫占据用户时间的总

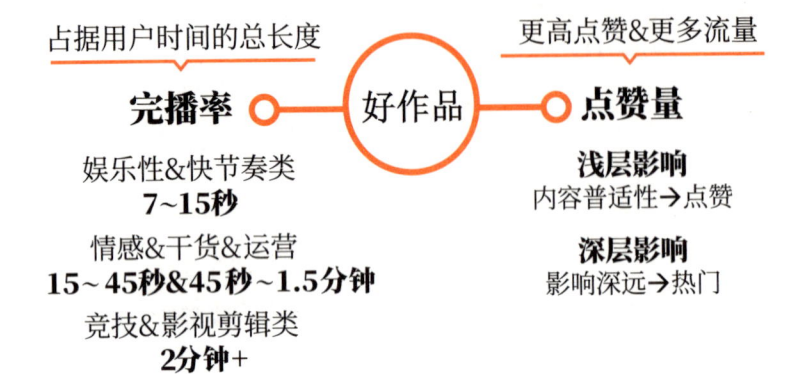

```
占据用户时间的总长度                    更高点赞&更多流量

    完播率 ○─────○ 好作品 ○─────○ 点赞量

    娱乐性&快节奏类                    浅层影响
       7~15秒                       内容普适性→点赞
    情感&干货&运营
  15~45秒&45秒~1.5分钟                 深层影响
    竞技&影视剪辑类                    影响深远→热门
        2分钟+
```

长度。

  从大数据上分析，在整个平台系统中，完播率最高的视频长度为 7～15 秒，但这并不意味着作品长度必须限定在该时间段之内。短视频竞争是按照市场和内容领域进行细分的，通常来说，长度为 7～15 秒的短视频以娱乐性、快节奏的内容为主；长度为 15～45 秒和 45 秒～1.5 分钟的短视频，以情感类、干货类、运营类以及教授用户如何做自媒体的内容为主。以上这些短视频彼此间竞争都很激烈，想在其中脱颖而出比较难。而长度在 2 分钟以上的短视频，一般以体育竞赛类、影视剪辑类的内容为主，在这个赛道，只要你的内容跟其他人不重复，彼此间就没有同样流量的竞争，你也更容易获得流量。如果你是个知识博主，竞争优势会更明显。

当然，短视频的时间也并非越长越好，视频的完播率同样重要。如果视频很长，却不能吸引人看完，平台依旧不会判定其为好视频，也不会推送流量。

第二个标准叫作点赞量。

点赞量也是评判短视频质量的一个重要指标，优质的短视频内容相比多数短视频可以获得更高的点赞量，也能获取更多的流量。这就提醒我们，一定要弄清哪类作品更容易获得用户点赞。

一般来说，一个作品对人的影响可以分为浅层影响和深层影响，浅层影响就是作品具有普适性，内容好的话，就有人愿意点赞；但只有对人能产生深层影响的作品，才更有可能上热门。

涨流原则

流量增长的核心是做出好的商业模式，让尽量少的用户产生尽可能高的商业价值。

快速增长流量有三个原则：

第一，具有快速学习和整理的能力；

第二，具有写文案的能力；

第三，具有打通短视频与直播间的能力。

  在流量为王、利益为先的时代，想要更好地利用网络流量获得更多的收入，选择一个好的商业模式必不可少。只有好的商业模式，才能帮助你在尽量少的用户中获得尽可能多的收益。

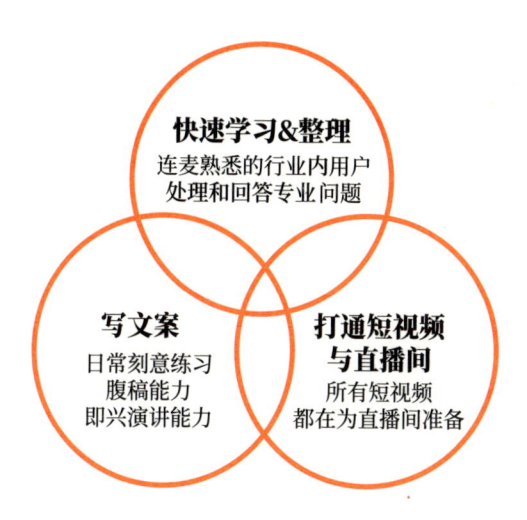

```
         快速学习&整理
         连麦熟悉的行业内用户
         处理和回答专业问题


    写文案              打通短视频
   日常刻意练习           与直播间
    腹稿能力            所有短视频
   即兴演讲能力          都在为直播间准备
```

想快速增长流量，你至少需要具备三项能力：

第一项能力：快速学习和整理的能力。

想通过直播获得精准流量，你就要善于处理和回答直播间中用户提出的各种专业问题。要做到这点很难，所以初期在直播间内你尽量选择与自己熟悉的行业内的用户连麦，而对于不熟悉的行业问题，你可以记录下来，下播后去查询资料学习，以便下次再遇到同样问题时可以准确、清晰地回答出来。长时间积累下来后，你就能积累大量的案例和经验，与用户沟通和连麦也会更加顺畅，你的精准流量也会随之增加。

第二项能力：写文案的能力。

有些主播在直播时不需要提词器，但这并不代表就不需要写文案。文案是必须要写的，而且要反复写、反复加工，直到自己感觉最满意为止。要做到这点，离不开日常的刻意练习，也离不开腹稿能力和即兴演讲能力。

第三项能力：打通短视频与直播间的能力。

在自媒体平台上，几乎所有的短视频都是在为直播间的大决战做准备的。如果说短视频的权重是1，那么直播间的权重就是10，孰重孰轻一目了然。

这点不难理解，一条短视频即使有几百万的播放量，平均每个用户也只看三五秒而已，但直播间内只要有观众、有精准用户，他们就可能会看一两个小时。所以，一定要将短视频与直播间打通，利用短视频为直播间引流，同时利用一两个月时间打磨出一套相对标准的销售话术，每天在直播间重复讲述。很多自媒体平台的推流机制就是看陌生人进入直播间后，在直播间内的停留时间及互动转化效果。用户在直播间内停留时间越长，与你的互动越频繁，平台就越会为你推流。

短视频爆款是重复的，直播间内容也是一样。反常识，反认知，才是在自媒体平台做流量变现的逻辑。

极速流量

承接极速流量最直接的方式是直播，可以通过三种有效方法来承接：
第一，通过货品来承接；
第二，通过场景来承接；
第三，通过话术来承接。

极速流量，简单来说，就是来得快、去得也快的流量。平台推荐极速流量，一般有两种情况，一是稳定的直播间在每次刚开播时；二是直播前期数据比较好，平台就会在直播的中后期突然推入一波极速流量。如果你能承接得住，那么平台会继续推流；但如果承接不住，平台为你推荐的

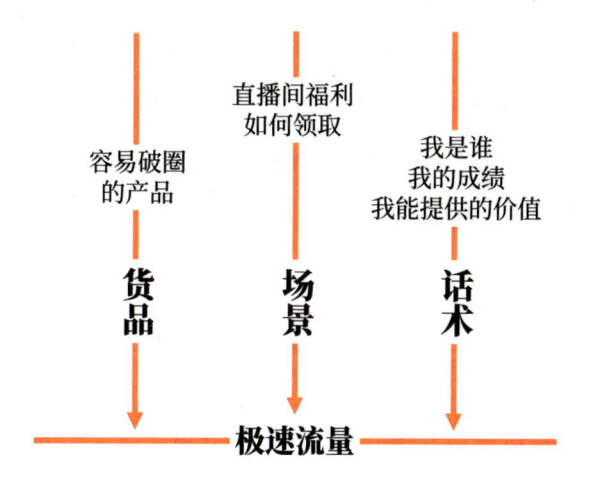

```
    容易破圈         直播间福利        我是谁
    的产品           如何领取          我的成绩
                                      我能提供的价值

      ↓                ↓                 ↓
      货              场               话
      品              景               术
      ↓                ↓                 ↓
  ─────────────── 极速流量 ───────────────
```

极速流量就会逐渐减少，甚至不会再推。

那么，极速流量进来之后，直播间要如何承接呢？

首先，我们要知道极速流量很难得，想要成功转化这部分流量，就要在流量被推入后，快速选择那些容易破圈层的产品在直播间内展示，这些产品可以有效承接平台推荐的极速泛流量。

其次，当发现极速流量进入后，你可以直接提示用户，自己的直播间内有哪些活动可以参与、哪些福利可以领取等,并且引导用户积极点赞互动,或者到评论区发表评论后,就可以领取福利等。在带动用户互动过程中,系统就会判定你的直播间比同级别直播间有热度,能足够吸引用户,也会继续为你推流。

最后一点也是最关键的,就是通过话术来承接。你只要记住三句话,并且不断重复,就能把第一次进入你直播间的陌生人牢牢接住。这三句话就是:我是谁,我做出过哪些成绩,我对用户具有什么样的价值。

利用大约3分钟的时间不断重复以上的话,就能有效吸引住流量中的精准用户。自媒体平台拥有自己的智能引擎系统,只要你能接住第一波极速流量,之后就会有第二波、第三波……这也是直播间起号和获取有效流量的核心方法。

流量密码

自媒体时代，大家比的是内容。
学会了做内容，就等于学会了寻找流量密码。

做超级个体与做公司最大的区别就是：做公司你需要不断地提前规划，不能走一步看一步，可能需要看三步才能走一步，因为远景规划对于公司的持续发展是非常重要的。但是，在自媒体平台做超级个体完全不同，只要你有好的想法、好的内容，就可以马上拍摄、发布，等待用户反馈，再根据反馈尽快调整，输出用户喜欢的内容。很多时候前期的策划和人设都没有太大的用途。

但是，做内容并不是要完全去模仿别人，甚至抄袭别人，而是要善于自己做原创。只是做原创也要有技巧，除了你真的有属于自己的、有价值的内容可以直接输出外，其他所有原创都不是挤牙膏似的挤出来的，而是建立在"巧妙模仿"的基础之上的。明白了这一点，你才会放弃闭门造车的无效行为。

所谓"巧妙模仿"，是指我们在看到一个不错或爆款的内容后，在深入理解的基础上，再适当补充自己的观点，最后用自己的语言将其描述出来，这样的内容通常更容易帮你获得关注和流量。

当然，能够坚持也很关键。在刚开始起号时，最好能保持每天固定上传3～5条短视频，以此测试平台和用户到底喜欢什么样的内容，或者到底什么样的内容更适合自己。一旦其中一条短视频登上热门，你就相当于碰到了流量的框架，之后再重复地拍摄类似的短视频，直到最后找到最适合自己的流量密码。

流量真相

在自媒体平台获取流量的真相就两点：
一、你有真才实学；
二、你善于为自己打造人设。

在自媒体平台，想要获得更多的流量、更多的精准粉丝，你至少需要满足两个条件：

第一，你确实有实力，分享的内容都是干货，让人一看就知道你属于行业领袖，值得关注。

第二，你善于包装自己，将自己"打造"成为一个很厉害或很特别的人设，给人留下深刻印象，也会吸引更多人关注你。

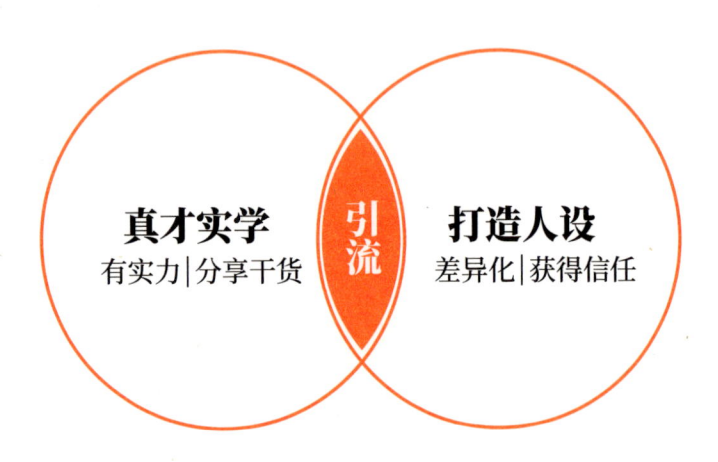

真才实学　**引流**　**打造人设**
有实力 | 分享干货　　　差异化 | 获得信任

一般来说，当你从 0 关注起号到拥有 1000 个以上的用户关注量后，会遭遇第一个瓶颈，这个瓶颈很难突破。而一旦你突破这个瓶颈，接下来获得用户关注量就会越来越多，用户黏性也会不断增加。突破这个瓶颈最有效的方式之一，就是善于打造自己的人设，不管你是有真才实学还是刻意包装，想吸引更多流量，一个好人设是不可或缺的。它是你真正能够与用户产生链接的个人魅力，可以帮助你获得更多的信任，提高你的影响力，甚至能帮你打造差异化优势，增加用户黏性。

所以，千万不要错过任何在平台上展现自己的机会，否则你在平台上就永远拿不到流量，这就是行业真相。

抓住趋势

创业成功的核心在于实现三频共振,即打通资本层、创业层、消费层这三个层面。

具备流量思维,成功捕捉到流量,就能抓住核心趋势,获得流量红利。

在创业过程中,我们习惯性地考虑天时、地利、人和,并认为"人和"最重要。而事实上,真正的创业者会更看重"天时",也就是市场趋势。只有找准赛道,抓住市场的核心趋势,才有可能避免"越努力越绝望"的陷阱。

在任何一个行业当中,想要创业成功,都必须实现三频共振,这"三频"分别为资本层、创业层和消费层。打

┌─── **创业焦虑** ───┐

资本层
好项目

消费层
好产品

创业层
好机会

同理心 | 平台核心人群 | 同频共振
└─── **流量思维** ───┘

通这"三频",实现共振,打造商业闭环,你就能获得绝佳的创业机会。

现在的"三频"也在共振,但共振的是焦虑。从投资者端来说,难以找到好的项目;从创业者端来说,难以找到好的机会;从消费者端来说,不同城市、不同专业、不同人群也都有各自的焦虑。但是,人心的焦虑恰恰孕育着各个端口的机会,而打造超级个体,在自媒体平台获取流量就是所有人的机会。谁具有流量思维,并能够成功捕捉到流量,谁就能成为可以解释和解决焦虑的人。

但是,没有人能直接解决从资本到创业者再到消费者的焦虑。作为一个真正的创业者,必须要具备一项能力,就是善于编织梦想,在织梦过程中让自己一步步接近事实真相。因此,你现在焦虑什么,就去平台上捕捉那些你能够理解的人群,并且努力去触达其中的那部分核心人群。

真正要在自媒体平台获得流量,还需要一个核心因素,就是要有同理心,让对方能够真正理解和认同你讲出来的东西,与你产生共振,产生深层的互动和转化。与此同时,这又会让平台认为你是个优质创作者，反过来助推你进入更大的公域流量池，流量再一次进入直播间深层转化。在这个过程中，如果你能适当做一些付费投流，就会更大程度地推广自己的优质视频，也能更大程度、更高效率地拿到自媒体平台的流量红利。

利他就是终极的利己。

PART

6

引流变现

商业的本质是价值交换，
知识的商业化本质就是销售知识，
把有价值的知识销售给需要这些知识的人。

盈利路径

超级个体的盈利模式主要包括四种：

一、短视频带货；

二、直播电商；

三、付费社群；

四、知识付费。

第一条路径：短视频带货。

在自媒体平台，一条短视频可能会有几百万的播放量，随之带货，就能拿到不菲的佣金。但是相对来说，这种盈利模式并不稳定，因为通过短视频带货的商家，都需要先到精选联盟中选择货品，放入自己的橱窗内销售。交易成

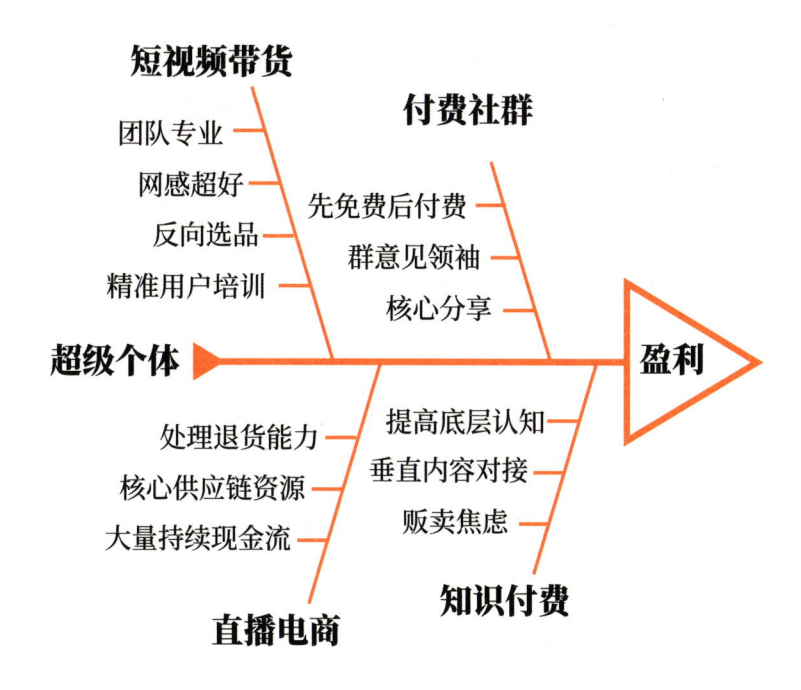

```
            短视频带货
                              付费社群
    团队专业
    网感超好
                       先免费后付费
    反向选品
                        群意见领袖
    精准用户培训
                         核心分享
超级个体 ▶                                  盈利

        处理退货能力      提高底层认知
        核心供应链资源    垂直内容对接
        大量持续现金流    贩卖焦虑

              直播电商       知识付费
```

功后，从中获取一定的佣金收益。但是这有个前提，就是想拿到稳定的、更多的佣金，短视频必须能够持续地登上热门，吸引更多流量，这显然很难。尤其是对于个人来说，没有店群，没有批量选款能力，要持续盈利会更难。

但是，如果你一定要利用短视频带货来盈利的话，我认为需要具备下面四个条件：

1. 你要有专业的团队，专门负责选品、拍摄、售后等；

2. 你要有超好的网感，能保证自己的每条视频都上热门；

3. 你是个垂直方向的达人，可以通过"反向选品"拿到高质量、低价格的产品；

4. 你能为精准用户提供相应的培训。

第二条路径：直播电商。

直播电商盈利模式的核心有三点：

1. 大量持续的现金流，能够满足直播间投流需求；

2. 核心的供应链资源；

3. 具有处理大量退货的能力。

目前有相关数据显示，80%以上的直播带货机构和网络达人都无法实现有效盈利，如果你没有充分的应对能力，最好不要涉足其中。直播电商领域的核心永远是胜者为王，最终能够胜出的，一种是真正的大商家、大品牌，另一种则是能够不断升级产品能力、有一定流量采买能力，以及能够扛住流量投放成本的个人或机构。

第三条路径：付费社群。

社群是信息交流、资源互换和关系链接的场所，想通过社群盈利，就要做好付费社群，这里有三个关键点：

1. 社群可以先免费后付费。如果一直免费，不但无法建立盈利模式，也难以吸引真正有价值的大人物加入其中。

2. 社群内要有真正有价值的人物作为社群信任背书，这样才能利用对方的声誉撬动更多与他同类型的人加入社群中来，提升社群价值。

3. 社群中真正有知识、有经验的人要善于分享资源，引导大家互动，最好能每隔一段时间就进行一次核心分享，从而吸引更多的普通人加入社群。

当然，随着社群价值的不断升级，价格也要适当提升，同时还要经常筛选核心成员，把一些不合适的成员从社群中剔除掉，不断为社群补充新鲜血液，让社群价值持续提升。

第四条路径：知识付费。

知识付费盈利模式的路径主要有三种：

1. 贩卖焦虑，通过吸引低认知人群，拿到自己想要的结果。

2. 利用自己的名人效应，将自己在某个领域内的知识或经验用一种更有效的方式对接给用户，实现盈利。

3. 通过帮助更多普通人提高底层认知，最终拿到结果。

当然，如果你既不想被贩卖焦虑者"割韭菜"，又算不上顶级名人，那就要努力成为能够帮助普通人从 0 到 1 拿到结果的人。

变现规则

在自媒体平台，利用知识赛道变现的规则有三条：
第一，找对方向；
第二，以始为终；
第三，利他思维。

在自媒体平台，要实现知识变现，首先要从知识商业化的角度思考问题。商业的本质是价值交换，知识的商业化本质就是销售知识，把有价值的知识销售给需要这些知识的人。

利用知识赛道变现，要遵循三条规则：

首先，再好的知识产品都不会自动变现，你需要找到精准的需求人群，向他们展示产品的价值，激发他们的购

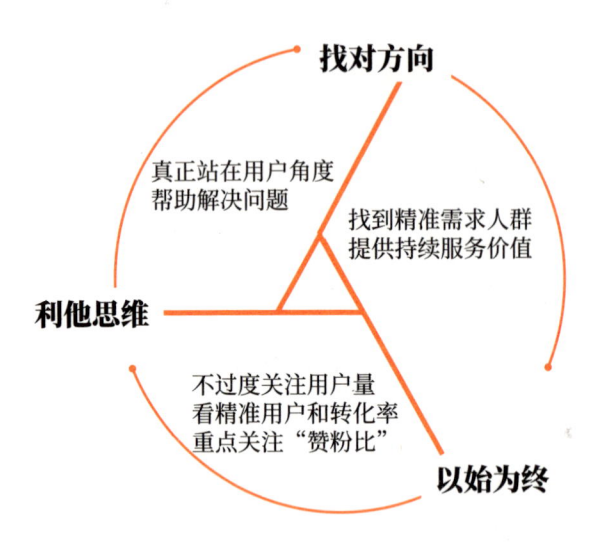

```
                    找对方向
         真正站在用户角度
         帮助解决问题
                    找到精准需求人群
                    提供持续服务价值
利他思维
         不过度关注用户量
         看精准用户和转化率
         重点关注"赞粉比"
                              以始为终
```

买欲望，促使用户相信你和你的产品可以帮助他们解决实际生活和工作中的问题。这是知识变现能否成功最关键、最核心的一步。所以，作为知识博主，想在竞争中脱颖而出，就必须深耕某一细分领域，针对一类人群提供持续的服务与价值，提高变现能力。

其次，在做自媒体的第一天，就要考虑好如何变现。很多账号拥有几百万用户量，可最后却发现无法变现。要实现有效变现，不是要过分关注用户量，而是要关注精准用户和转化率，尤其要关注"赞粉比"。比如，你的赞粉比为3∶1，就意味着用户平均每点赞三次，你就能获得一个精准用户；而如果你的赞粉比为10∶1，即每十个点赞用户才能获得一个精准用户，那么说明给你点赞的大部分都是无效用户，这时你的账号就无法持续运营，更无法实现有效变现。

最后，利他就是终极的利己。即使知识变现是一种获利行为，也同样要抱着帮助他人的心态进行，让用户能够通过你的知识分享获得自己想要的内容。如果你能真正站在用户角度上帮助他们解决问题，用户反馈就会很好，你的口碑也会不断提高。口碑好，复购就会持续，用户也就会不断裂变。

直播电商

直播电商的底层逻辑有两个：

一、流量盘 + 货盘；

二、人 + 货 + 场。

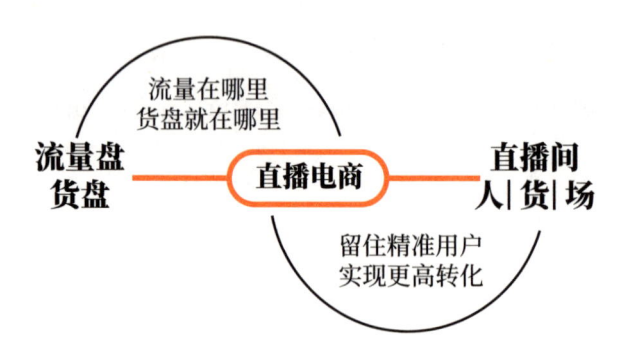

```
           流量在哪里
          货盘就在哪里
   流量盘                    直播间
         ┌─────────┐
   货盘 ──│ 直播电商 │── 人│货│场
         └─────────┘
          留住精准用户
          实现更高转化
```

直播电商的本质，就是把一个产品或虚拟的服务从 A 点运输到 B 点。以京东商城为例，它所做的事情就是如何让交易变得更顺畅、效率更高，从而从整体上提高从 A 点到 B 点的确定性。

电商的本质就是"流量盘 + 货盘"，货盘永远不缺，流量在哪里，货盘就会在哪里。当前，自媒体平台还拥有不断增长的流量盘，并且是精准流量。想要获得这些流量，就要做出真正优秀的作品，用好的作品去撬动优质的精准流量。

很多直播电商认为，要获取更多流量，就要持续不断地输出内容。实际上，自媒体平台的逻辑并不是这样的，内容输出固然重要，但是"好"的内容更加重要。真正优质的、有价值的内容，才能获得平台上源源不断的公域流量。与此同时，做好直播间的人货场，才能留住精准用户，继而实现更好的转化。而从另一个层面来说，此时此刻的直播电商才刚刚进入精细化运营，这个阶段至少会持续 3～5 年。

```
成为个体IP
┌─────────────────┐
│ 拥有私域流量池  │ 做不了个人IP
│ 拥有个人品牌    │ 没有强口播能力
│                 ┌─────────────────┐
│                 │ 踏实做货盘      │ 做不了个人IP
│                 │ 请别人帮你带货  │ 没有货品供应链
│                 │                 ┌─────────────────┐
│                 │                 │ 寻找合适渠道    │
│                 │                 │ 把好货推荐给别人│
│                 │                 │ 高毛利          │
│                 │                 │ 高复购|高单价   │
└─────────────────┴─────────────────┴─────────────────┘
```

当然，我们不仅要抓住机会，还要真正能够把机会落地，这里有三个有效方案：

第一，努力打造超级个体，做好个人IP。当你成为超级个体时，你就拥有了自己的流量池，也就是拥有了个人品牌，这时你的账号转化率就会不断提高。简单来说，你在直播间销售什么，用户就会买什么。

第二，如果你做不了个人IP，也没有很强的口播能力，那就踏踏实实做货盘，邀请别人帮你带货，这时你依然可以做主流。

第三，如果你既做不了个人IP，自己也没有货品供应链，这时就寻找合适的渠道把好的货品推荐给别人，但这里有个条件，就是你所推荐的货品必须满足高毛利、高复购和高单价，这样你才能真正从中受益。

总而言之，不断提升自己的底层认知水平，不断寻找和发现机会，你就能随时利用直播电商的底层逻辑为自己拿结果。

变现模式

大部分能在自媒体平台变现的生意可以分为三个方面：

一、流量；

二、运营；

三、服务。

首先，流量也叫"用户触达"。一般来说，在自媒体平台赚取流量补贴的运作是最简单的，只要你在平台上发布内容，不管是短视频还是文章，基本都会得到平台相应的流量补贴收益。但是，现在随着平台流量竞争越来越激烈，能变现的收益也越来越低。

```
┌─────────────────────────┐
│         流量            │
│  发布内容赚取流量补贴    │
└─────────────────────────┘
            触达
┌─────────────────────────┐
│         运营            │
│   流量→用户|工具        │
└─────────────────────────┘
            转化
┌─────────────────────────┐
│         服务            │
│      实体|虚拟          │
└─────────────────────────┘
          裂变&复购
```

—————— **自媒体变现** ——————

其次，运营本质上叫作"流量转化"，它就像一个漏斗，将你从各个渠道集聚的流量变成你可能的用户，以及可以实现变现的工具。

最后是服务。服务有两种，一种叫实体产品交付，你有实体产品，通过各种方式将产品卖给客户；另一种叫虚拟交付，如一对一的咨询，是不需要交付实体产品的。相对来说，虚拟产品的交付更有利一些，因为你只需要生产一次，就可以实现多次交付。

从整体上来说，流量、运营、服务三者并不是割裂的，而是一环套一环的关系。很多人不理解这一点，认为自己只要拥有流量，就能实现变现。实际上，如果你的运营方式不够高效，转化率不高，服务不够完美，无法做到达成、转化、裂变、复购，那么你的流量成本就会变得越来越高，最后生意也根本无法做起来。

想要运用这个框架来实现成功变现，可以用我所说的排除法去测试一下。画一张横纵轴、竖纵轴的图片，将你能想到的商业项目分别代入其中，再分别对每一个商业项目的流量、运营、服务这三项进行打分评估。只有三者合起来打分较高的项目,才更有希望做成;如果一些项目打分太低,那就直接放弃吧。

变现原则

在自媒体平台持续变现需要遵循三个核心原则：
第一，善于积累知识和经验；
第二，乐于做自己不愿做的事；
第三，敢于创新和冒险。

  自媒体行业与传统行业是有很大区别的。传统行业最大的共同点就是实在性和落地性，一切行业发展资料都是实时存在的，并且平均更新频率相对较为缓慢。但是，自媒体行业更多的是有不确定性，这种不确定性包括数据的即时频率、资源的相对不稳定性等，这也使得自媒体行业的变现周期很短。

```
          善于积累
          知识和经验
            /\
           /  \
     垂直  /    \  放
     深挖 / 持续  \ 下
        /  变现   \ 身
       /          \ 段
      /_____\
  敢于创新          乐于做
  敢于冒险  ← 放缓脚步  自己不愿做的事
  敢于不赚钱
```

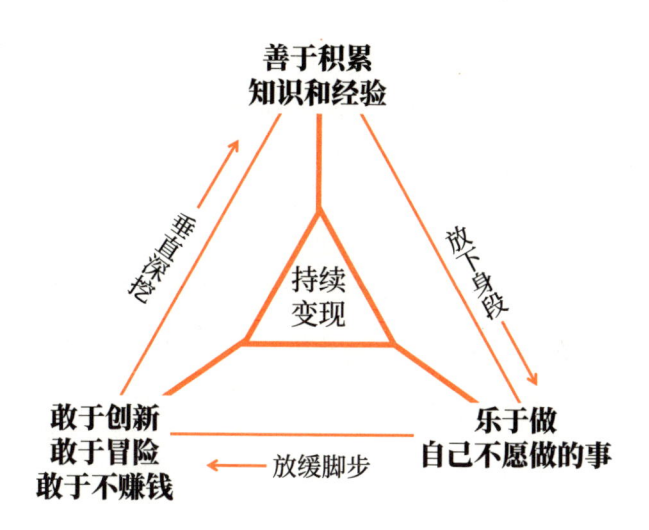

但是，这并不表明所有人都不能在自媒体平台实现长期、持续的变现。如果你能遵循以下三个核心原则，同样可以保持长期的收益。

第一，要能吃苦，敢于沉淀自己，能利用一切可能的机会为自己积累知识和经验，最好能以某个垂直领域为出发点，不断深挖，根据领域度和用户需求度交界点去谋求持久的发展方向。

第二，要有勇气去做那些自己不愿意做的事，尤其是在你赚到第一桶金之前，为积累经验和资本，要能放下身段，完成人生的进阶。

第三，要敢于创新，敢于冒险，敢于不赚钱。在事业发展到一定程度后，你要敢于放缓自己行进的脚步，为后面更大的事业或自己真正喜欢的事情做好准备、打好铺垫。这不是在偷懒，而是为了更好地前进。

变现核心

知识变现的核心包括两点：
第一，会输出；
第二，懂逻辑。

  任何一项技能的获得，都需要重复无数次才能变成自己的"绝招"，在自媒体平台实现知识变现同样如此。

  当然，在刻意训练的基础上，我们还需要具备两个核心能力。

  第一个能力是会输出，也可以叫"即兴表达能力"。有了这种能力，你就可以在直播时更好地输出自己的专业内容，传递出个人的情绪和感觉，将观众带入你的表达当中。

```
        即兴              善于
        表达              共情
           会输出
           懂逻辑
        多读书             逻辑
                          嵌套
            内容
            专业性
```

当然，在表达过程中，我们还要善于与观众共情，能够想他们所想、痛他们所痛，这样才会让观众觉得你是在诚心诚意地帮助他们解决问题，由此更加信服你，愿意为你的输出付费。

第二个是具备逻辑思维能力。

逻辑思维能力主要体现在三个方面：

首先，你要多读书，这可以帮你找到自己独特的逻辑自洽的方法论。不论你有多么丰富的知识和多么优质的内容，如果不能总结出具体的方法论，就没人愿意跟随你付费学习。

其次，你所输出的内容要体现出专业性。知识博主最不能缺少的就是知识，观众学习各种知识是为了解决问题，而解决问题的方法和步骤就体现在你的知识的专业性方面。缺乏这一点，你的输出就没有量的支持，再精巧、复杂的结构也毫无意义。

最后，一定要学会有逻辑地嵌套。在输出内容时，不但要做到观点明确、清晰，让观众一听就懂，还要让内容有结构、有体系，最好能通过牵引式的逻辑推演引导观众思考同样的问题，再得出有效结论，这样才更容易打动人心，实现成交。

短链思维

越会赚钱的人越简单,因为他们具备短链思维。

通过做生意获利的核心,是选择那些本来就可以获利的项目,而要避开那些可能会亏损的项目。只是很多人凭借自己的认知、经验认为,只有困难而正确的事才会获利。

其实,真正能够赚取财富的人,并不像我们想象的那么复杂,相反,越善于赚取财富的人越简单,因为他们具备短链思维。生意链条上每增加一个环节,就可能增加一定的变数。只有减少中间环节,才能让自己更加专注于其中的重要环节。

打造超级个体,在自媒体平台做直播,将直播间销量与交付直接联系在一起,就是一种利用短链思维快速变现、

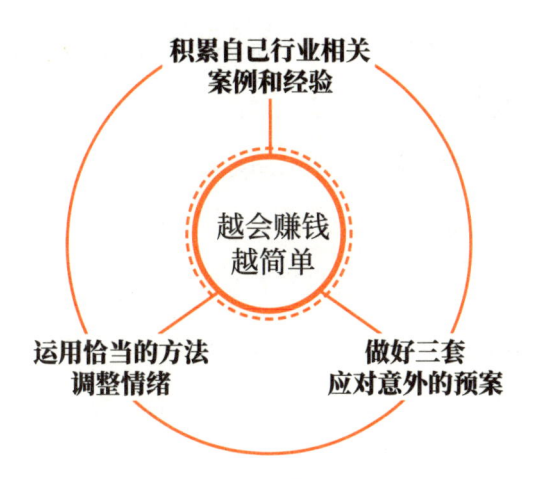

```
        积累自己行业相关
           案例和经验

              越会赚钱
              越简单

  运用恰当的方法        做好三套
    调整情绪         应对意外的预案
```

获取红利的行为。但是，要想复制这套流程并不容易，你也可能会在其中的某些环节上遇到问题或意外。要有效避免这些情况发生，必须做好以下三点准备：

第一，善于积累与自己行业相关的案例和经验。在直播过程中，总会遇到用户提问，其间一旦遇到我们不懂或回答不出来的问题，下播后一定要及时复盘，找到问题答案，以便下次再遇到类似问题时可以精彩作答。

第二，做好至少三套应对意外的预案。直播时，遇到网络不好、"黑粉"攻击、说话不恰当被断播等意外情况，一定要提前做好至少三套应对预案，不让这些情况影响正常直播。只要你做直播的时间足够长，你就能心平气和地面对所有可能的困难。

第三，在做了一段时间的直播后，你可能会经历一个倦怠期，这时要运用恰当的方法调整好自己的情绪。这既是在帮助自己放松，同时也是为了让自己能在下一次直播时继续保持饱满的情绪。你的情绪饱满，才能感染用户，带动用户下单。

持续盈利

人们获取财富一般有三种途径：

第一种途径：靠自己的劳动获取财富；

第二种途径：靠资源和信息差获取财富；

第三种途径：靠思维模式获取财富。

  对于每个人来说，想要获取财富，基本用两三年的时间就够了，只要你能突破自己的认知。但是，大部分人是无法突破认知的，因此也很难真正获得财富。

  在我看来，人们获取财富的途径通常有三种：

  第一种：靠自己的劳动赚钱。比如每天按时上下班，勤恳工作，努力十几年后，你可能会有一笔不错的积蓄，

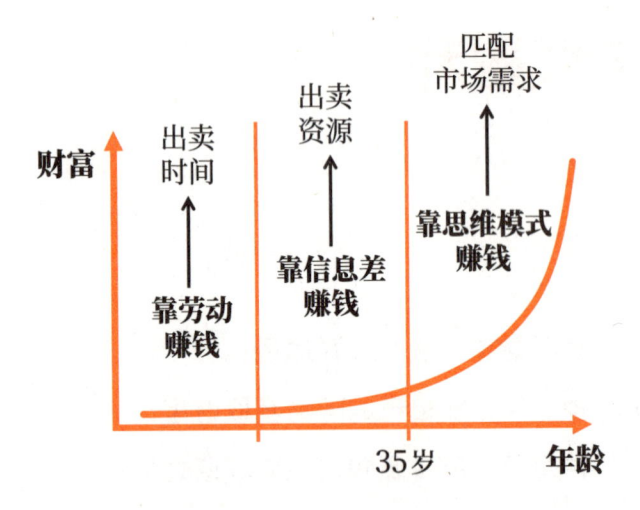

但也仅此而已。

第二种：靠资源和信息差赚钱。尤其是在 35 岁之后，不能再跟年轻人拼体力，就要靠自己多年积累的经验和信息差，去与需要的人进行资源互换，通过这种方式获取财富。我们周围的大部分人走的都是这条路，并且一直奋斗到退休，永远难以进入第三个阶段，因而也做不到持续获取财富。

第三种：靠思维模式赚钱。思维模式分两种，一种为产品思维，另一种为流量思维。所谓"产品思维"，就是你能做出好的产品或服务；但是，想要将产品或服务成功变现，你就必须具备流量思维，利用精准流量投放的方法，将产品或服务销售给那些真正需要的人，同时也帮助自己获得收益。

这里有个核心问题，就是你的产品或服务该如何定价，才能让买卖双方都满意呢？

记住，永远不要按成本定价，而是学会按照用户内心"需求"定价。用户"觉得"你的产品或服务值多少钱，它就值多少钱。能够理解并做好这一点，你才算是真正找到了持续获取财富的根本途径。

总而言之，在35岁之后，就不要再靠出卖时间、劳动力或所谓的资源赚钱了，而是要学会搭建一个可持续获取财富的逻辑框架，这样你才有可能真正实现财务自由。

居间生意

轻易不被时代淘汰,并且能持久稳定地获取利益的生意,有一种是最典型的,就是居间生意。

举个例子,你认为在汽车行业当中,谁是获益最多的人?

很明显,特斯拉、福特、通用、丰田……这些汽车生产制造商是会获益的,但普通人不可能通过这种方式获益,因为你不具备源头供应链能力和强大的资金实力,也不具备强大的抗风险能力。

还有一类人从中获益颇丰,就是从事二手车交易的车商。他们不需要自己生产汽车,只要拿到某品牌汽车的独家经销权，就可以赚得盆满钵满。这些人所做的生意就是居间生意。

善于做居间生意的人，是不会轻易被时代淘汰的，因为他们手中握着大量的信息和资源。通过依赖"不对称性信息"和资源置换，他们就能找到商机，赚到别人赚不到的财富。

有些人学历一般、能力一般，却早早地实现了财务自由，原因就在于他们选对了做生意的方法，选择了一个资本快速流动的行业，同时也选择了一个居间的环节，继而利用不同人之间的信息落差，赚到了自己的第一桶金。

现在，在自媒体平台打造超级个体，就可以利用不同用户间掌握信息的落差来做居间生意，持续地获取利益。比如，我在直播过程中，经常会收到各行各业企业老板的私信，向我寻求合作。一年下来，我就可以积累上万条线索量。虽然我根本无法与这么多企业合作，但我却可以在各个企业之间"牵线搭桥"，通过促成各企业与企业间的生意，拿到属于我的居间费用。

从这个角度来说，只要你拥有某方面独特的资源和信息，再找到一个好的居间位置，就不用发愁自己没有生意做。这也提醒一些从事制造业的企业家，更要学会寻找信息差，将自己的重资产生意适当转为轻资产生意，因为做研发、做源头创新、做制造都需要很高的成本，并且知识产权的保护难度也很大。如果没有极大的决心，没有很高的技术门槛，不要轻易选择做产品创新。

> 学会搭建一个可持续获取财富的逻辑框架,这样你才有可能真正实现财务自由。

与别人拉开差距的核心是你的时间密度。

PART 7

底层认知

找到自己的核心优势,
然后反复去做自己擅长的事。

财富逻辑

在自媒体平台实现财富积累须具备三个核心逻辑:

第一，找准自己的生态位；

第二，善于表达自己；

第三，持续地输出价值。

真正在自媒体平台拿到结果、实现财富积累的人，通常具备三个核心能力，或者说具备三个核心逻辑，并且这三种逻辑是层层递进的关系。

第一个核心逻辑，能找准自己的生态位。每个人对自己的认知都是不够精准的，所以你锚定自己的生态位很重要，你要么把自己包装成为高大上的人，向下兼容；要么

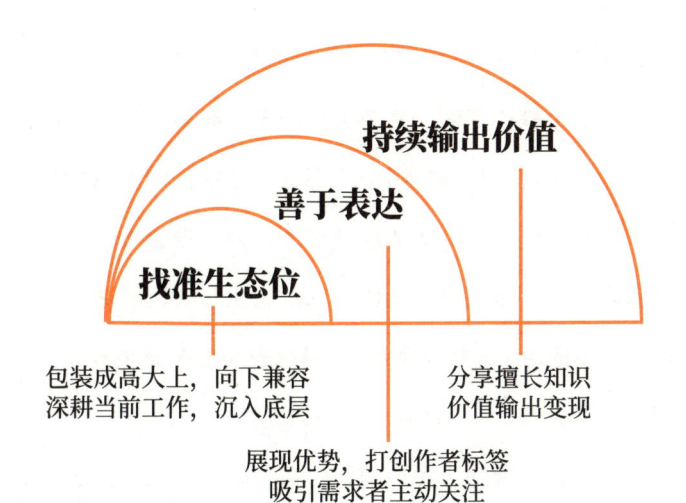

```
                    持续输出价值
           善于表达
    找准生态位
```

包装成高大上，向下兼容　　　分享擅长知识
深耕当前工作，沉入底层　　　价值输出变现

展现优势，打创作者标签
吸引需求者主动关注

深耕自己当前的工作，沉入底层，与群众打成一片。

　　泰德·威廉斯的《击打的科学》中提到高击打率的秘诀，就是不要每个球都打，只打那些处于"甜蜜区"的球就行。他将击打区分为 77 个小区域，并且指出，其中只有少数几个区域是理想击球点。在任何情况下，只有进入理想击球区的球才值得击打，其他区域不论多么诱人都绝不挥棒。简单来说，就是找到自己的核心优势，然后反复去做自己擅长的事，而不要去尝试那些自己不擅长的事。

第二个核心逻辑，具备出色的表达能力。真正能在自媒体平台获利的人，都是很善于演讲、很善于表达自己的人，敢于把自己的优点、优势展现出来，因而也会被平台打上创作者标签，吸引具有相同需求的人主动关注。谦虚、低调从来不适用于短视频平台。你可以表现得很谦虚、很低调，但不能真的谦虚、低调到不去表达自己的观点。

第三，持续地为用户输出价值。简单来说，就是善于为用户分享、展现你所擅长的知识，通过这些价值输出实现变现，积累财富。你擅长红酒，就跟用户分享红酒学问；你擅长汽车，就分享与汽车相关的内容。能为用户持续地提供优质内容，创造有效的价值，用户才会离不开你，愿意为你输出的价值付费。

高手思维

做好自媒体,最难的不是艰苦奋斗,而是如何在迷雾中找到自己的发展方向。

真正的高手会具备六点思维:

一、预见思维;

二、迭代思维;

三、流量思维;

四、知识思维;

五、直播思维;

六、裂变思维。

要做好自媒体,将自己打造成为超级个体,并不是靠

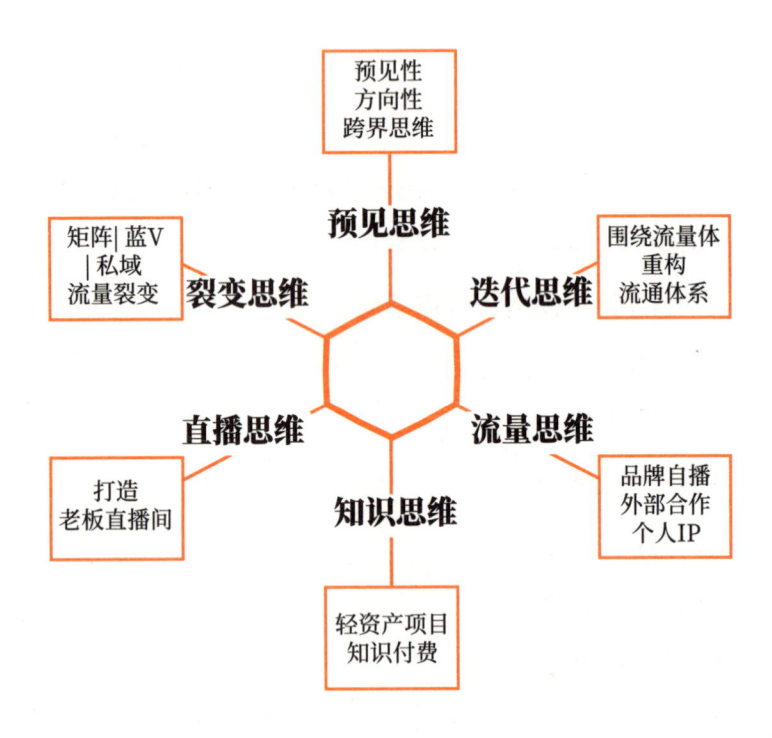

```
                    预见性
                    方向性
                    跨界思维

矩阵|蓝V                                    围绕流量体
|私域      预见思维                          重构
流量裂变                                     流通体系
         裂变思维        迭代思维

         直播思维        流量思维
打造                知识思维              品牌自播
老板直播间                                外部合作
                                         个人IP

                    轻资产项目
                    知识付费
```

你个人努力就能达到的，而是要去借鉴那些曾经拿到过结果的人的意见。

根据我的个人经验，我认为真正能够成为超级个体，并且成功实现流量变现的高手，必须具备六点思维：

第一，预见思维。《易经》中说："几者动之微，吉之先见者也。"做事一定要有预见性、方向性，甚至要具备跨界思维。尤其是作为老板，更要善于从整体上把握公司前进的方向，而不是每天当劳模，被各种琐事缠身。举个例子，真正影响出租车司机生意的，并不是另一家出租车司机，而是"滴滴出行"这样的跨界公司。但是，最开始帮助"滴滴出行"宣传做广告的，恰恰是每一个出租车司机。

第二，如果你是一位老板，就要学会改变公司的组织架构，提高迭代能力，围绕流量体去重构你的流通体系。比如，你拥有自己的工厂，那么你的产品就是你的流通体；你是一位教培老师，你的课程和服务体系就是你的流通体。总之，可以在自媒体平台上进行销售的产品、服务和课程等，都可以成为你的流通体。

第三，流量思维是打造超级个体不可或缺的思维模式。真正想将自己打造成超级个体的人，必须具备流量思维。当然，如果你有自己的产品供应链，是源头供应商，可以利用流量做品牌自播；如果你是品牌商，可以找合适的公司合作；但如果你是中间商或渠道商，我建议你努力打造超级个体，做好个人IP，集聚流量，再做流量分发更合适。

第四，如果你不具备以上优势，但已在某个行业内经营很长时间，拥有丰富的知识和经验，可以发挥知识思维，做轻资产项目，如知识付费。这种方式也可以打造超级个体，实现流量变现。

第五，所有发布在平台上的短视频都是为直播间大决战做准备的，如果你想利用平台帮助你更好地经营公司，就打造一个老板直播间。

第六，如果你已经跨过了从0到1的阶段，可以通过做矩阵、蓝V和私域三条路径实现流量裂变。做矩阵的前提是要有一定的流量，并且获得了相应的流量红利，之后分发流量,用忠诚用户账号去带动更多普通用户的账号,共同提升相关的账号流量。做蓝 V 最大的作用是解除限流,获得更大的流量红利。要做好私域,则需要你的产品或内容必须满足高复购率、高客单价和高利润率三个条件。

时间管理

与别人拉开差距的核心是你的时间密度。
看懂时间价值，善于管理时间，持续提升认知，你在各个方面都会不断精进。

很多顶级富豪在事业达到巅峰后，往往会辞去自己的职务，重新去创业。为什么要这样做？

其实，当一些人拥有了足够的可支配的资金时，想法和观念就会发生很大改变，因为金钱已经无法给他们带来成就感和满足感，这时他们就需要追求更有激情的生活、更高的成就感和价值感。而且，他们此前为自己的事业付出了极大的努力和艰辛，也获得了巨大的成就，但多年来他们也一直为事业所禁锢，无法进行更大的突破。随着年龄的逐渐增长，财富的不断积累，他们会发现，自己唯一稀缺的就是时间，而且其中最缺乏的，是自己可以自由支配的时间。因此，他们会选择离开现在的生活环境，将一切归零，重新开始。

对于我们普通人来说，这有什么样的参考意义呢？

举个例子，很多球赛中的超级球员，每年都会有一段时间的休赛期，但他们在休赛期却一天也不敢懈怠，必须按照营养师和训练师的要求不断拉长自己的超级长板，同时弥补自己的短板。因此每次休赛期结束后，球队中的超级巨星和核心球员就会"再生"，与普通球员的差距也会变得更大。

对于我们普通人来说，想要与别人拉开差距，核心就是你的时间密度。别人要10个小时才能做完的工作，你3～5个小时就把它做完，留下"闲时"自由规划，去做真正能够提升你的核心竞争力和人生认知境界的事情。一个人的认知精进是一点一滴进行的，而且不是线性发展的过程，它会出现一个"甜蜜点"。在此之前,你每天努力可能都看不到结果,但当你突破"甜蜜点"后,你会发现,你的认知会提升一个很高的层次,你看待金钱、事业、家庭乃至世界的视角也会与之前截然不同。

数据思维

打造超级个体要有数据思维,数据中藏着各种运营问题和正确的方向。

直播间权重值直接决定作品曝光率。决定直播间权重的数据有四个:

一、曝光进入率;

二、平均看播时长;

三、分钟评论数;

四、千次观看成交额。

  第一个数据:曝光进入率。

  在自媒体平台上,从用户开始关注你,直接进入你的

已关注用户进入直播间 刷直播广场刷到直播间	直播期间用户的 看播时长平均值
曝光进入率	**平均看播时长**
分钟评论数	**千次观看成交额**
每几分钟平台 客户的评论数	直播间被观看1000次 产生的成交金额

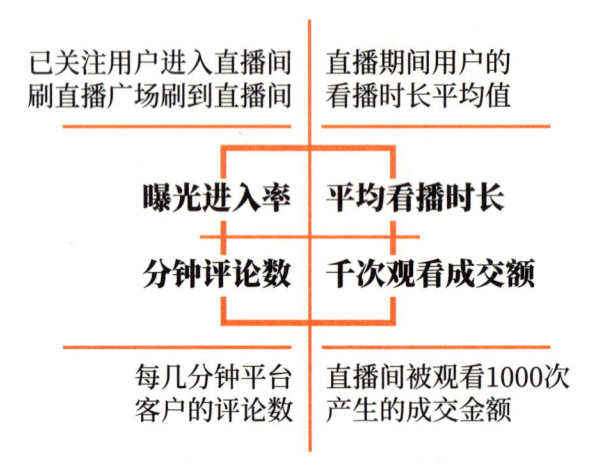

直播间,或者通过直播广场刷信息流时刷到你的直播间,进入之后,平台就开始计算你的直播间整体数据。这个数据越大,你的直播间曝光进入率就越高,随之平台也会给你推送更多的流量;反之,你的自然流量推荐就会很低。

第二个数据:平均看播时长。

在直播期间,想要获得更多的平台推送的流量,就要通过互动等方式不断增加用户看播时长,同时还要在平台上实现更多的成交额。

第三个数据：分钟评论数。

现在，平台几乎每隔几分钟，甚至 1 分钟，就会对直播间进行一次数据考核。如果一个直播间的流量数据持续增加，平台就会为该直播间推送更多的自然流量和精准人群。这就要求我们尽可能地在直播间内与用户增加互动，尤其要引导客户增加评论数，从而提升数据流量，拿到更多的自然权重。

第四个数据：千次观看成交额。

千次观看成交额是你的产品在平台直播间中销量实际效果的重要指标值，简单地说，就是你的直播间被观看 1000 次所产生的成交金额。千次观看成交额越高，你的直播间就越有可能在平台中脱颖而出。

以上四个数据，直接决定了一个直播间在平台上的权重值。关于有效提升直播间的权重数据，我也总结了五大优化手段：

第一，设计直播封面，重构人货场。

直播间的头像可起到引导效应，一张好的形象照可以吸引更多用户点击进入直播间。如果你的头像没能第一时间吸引用户点击进入直播间，那么他在向下滑的时候，可能还会有两三秒的时间，通过你直播间的背景、你的直播状态、你讲的内容，以及你背后的背景贴片所呈现的内容等，点击进入你的直播间。这些都将决定你的曝光进入率。

第二，电商卖家要增加福利款和硬通货。

电商直播间想留住更多用户，就要在多个频率下发放福利款，同时运用好留人话术，尽可能让用户在直播间内消费，增加销售额。或者在直播间内增加硬通货，包括黄金、手机等贵重物品，它们的主要作用就是增加直播间的成交流水。

非电商直播间想留住用户，就要尽可能地增加用户的观看时长，比如通过增加直播时间，让用户更愿意留在你的直播间内听你的直播，从而让直播间获得更多推流。

第三，无成交，不权重。

直播的最终目的是实现成交。如果你的直播间内不能产生成交行为，即使你持续地直播，平台也不会为你推流，你的直播间权重数据也无法提升。所以，提升成交额才是硬道理。

第四，不断提升直播间能力。

直播间能力主要包括两点：

1. 表达能力。即使直播间内人气很低，你也要连续不断地进行不重复的表达，这样才有可能吸引用户进入。

2. 专注能力。直播时间一般会比较长，多数主播在直播一两个小时后都会感到很疲倦，精神难以集中。这时，如果直播间内被推送新的流量，你可能就无法承接，这是不行的。优秀的主播必须能在几个小时的直播后依然保持充沛的精力和良好的状态。

第五，积极投放流量。

做直播间不能光靠免费流量，还要积极投流，"以赛代练"。自媒体平台所考察的并不是不同赛道的成交流水和直播效果，而是同一时段所有直播间共同竞赛，谁的直播间当前时段的成交数据好，谁就能获得更多推流。

设计直播封面
重构人货场

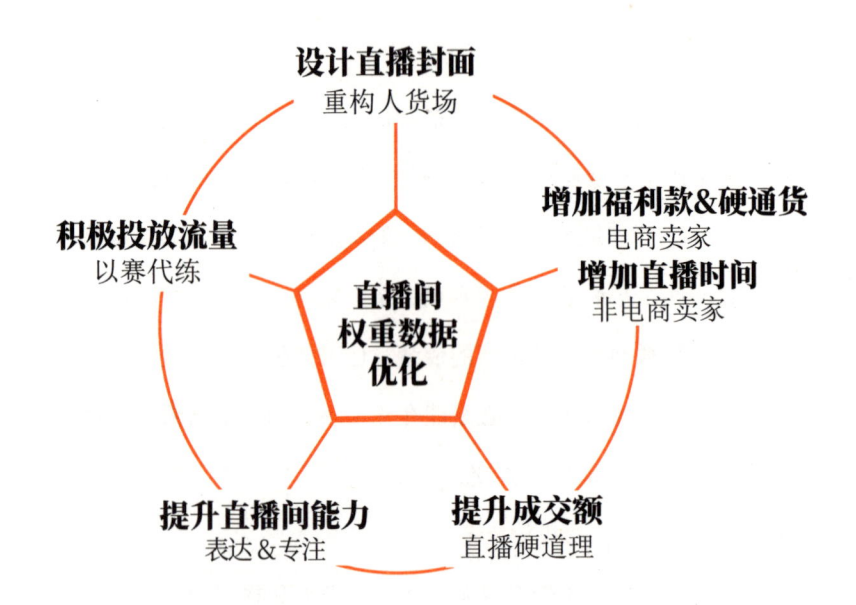

增加福利款&硬通货
电商卖家

增加直播时间
非电商卖家

积极投放流量
以赛代练

直播间权重数据优化

提升直播间能力
表达&专注

提升成交额
直播硬道理

利他思维

想打造超级个体,持久地输出内容,就要做个真实而有温度的个人账号。

打造超级个体的个人心法:

第一,有利他思维;

第二,始终保持真诚。

凡是在自媒体平台拿到大结果的人,通常都有两个特点:

第一,谋定而后动。

这里的"谋"并不是谋划,而是在做自媒体之前,自己已经有了若干年的行业知识积累。比如,有一些成功打

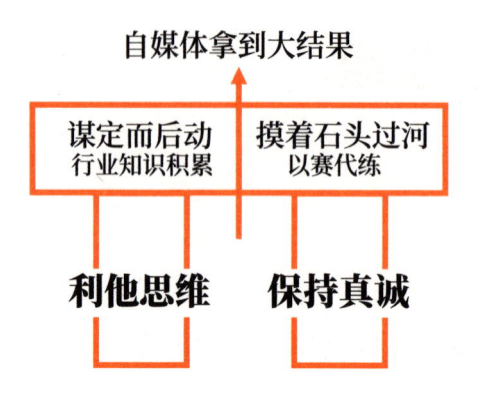

```
        自媒体拿到大结果
              ↑
    ┌─────────┼─────────┐
   谋定而后动      摸着石头过河
  行业知识积累     以赛代练
    │                   │
  利他思维          保持真诚
```

造成为个人 IP 的宝妈，在生宝宝之前可能本来就是有着多年经验的外语老师、企业高管等，现在转战自媒体，输出的就是自己之前所积累的知识和经验。

第二，摸着石头过河。

很多人在做自媒体前，总想先弄清楚定位，再去发作品。而事实上，等你把一切想清楚后，机会可能早已溜走了。自媒体的规则从来都是"以赛代练"，你完全不需要额外花时间去寻找最好的定位，只有不断摸索和坚持，才有可能真正拿到结果。

当然，在摸索和坚持的过程中，我们也要积极寻找方法和技巧，我认为有两个最核心的点，就是要有利他思维和始终保持真诚。

在之前的几年里，你可能做好了一个项目或一件事，并且在这个项目或这件事上拿到了很好的结果，获得了很有价值的经验。现在，你希望通过自媒体平台分享自己的知识和经验，主动为他人创造价值，帮助更多人走出困境，或者帮助一些年轻人找到未来的方向。抱着这个初心做自媒体，你总有一天会获得自己的精准用户和忠诚用户。人是有情感的，如果你能够始终抱着真诚的态度帮助别人，对方是可以感知到的。你能获得多大的价值，取决于你能为别人提供多大的帮助，而不是能从别人那里索取多大的好处。只有学会给予别人，别人才会回报我们，从而达到相互进步、形成共赢的效果。

认知误区

创业者通常有三个认知误区：

一、追逐企业规模，忽略利润；

二、认为努力比时机更重要；

三、缺乏流量思维。

  创业的成功与失败，关键并非只是能力问题。很多创业者之所以不能成功，除了经验不足、考虑不周之外，还存在一些思维上的认知误区。其中，最重要的误区有三个：

  第一，大多数创业者在创业初期对于创业这件事的认知就是错误的，认为创业、做公司就要追求规模、追求文化以及发展速度等，却忽略了生意的本质是追逐利润。如果你创

- 追逐企业规模 忽略利润
- 只管埋头努力 忽略时机
- 有商业思维 缺乏流量思维

立的公司不能持续、稳定地盈利，那是很难长久的。公司规模、企业文化都应该是公司真正发展起来之后需要考虑的。

第二，认为努力比时机更重要。以小米的经营模式为例，初期很多公司也不愿意加盟其中，结果错过了与小米生态链公司的链接机会。而一些更有经验的创业者，就善于抓住机会，跟随小米做起了自己的生态公司。创业的选择比努力更重要，抓不到好的时机，努力也不一定就能拿到自己想要的结果。

第三，很多人创业所具备的都是商业思维，比如如何为企业融资、扩大企业规模，如何应对企业被并购或上市等，却忽略了流量。创业者如果具备流量思维，善于在自媒体平台以少量流量去撬动大量的推荐流量，为自己引流、推广获客，就能不断提升自己的产品和服务的曝光率和知名度，最终实现流量变现。这才是很多成功的创业者快速扩大营收和利润规模的核心秘密。一切生意的本质都是流量的生意，只是最终的呈现形式不同而已。缺乏流量思维，创业是很难拿到满意的结果的。

提高认知

普通人要提升认知，实现阶层跃迁，读书是有效的方法之一。

读好书的核心方法有三点：

一、找到最喜欢的三本书，在安静的场所边阅读边思考；

二、做成思维导图，二次思考；

三、与"高手"探讨交流。

很多人没有实际的机会沉浮于商海，扩充商业版图，但回归到日常的工作、生活中，无一不与商业思维息息相关。作为普通人，想要系统、综合地分析各种商业现象，提升

找最爱的三本书
带问题读书
记白板
画导图
找核心合伙人
找敬佩的人

**独立空间
阅读思考** → **思维导图
二次思考** → **找到"高手"
探讨交流**

记录商业思考　二次深度思考　完整复述想法

听取反馈

认知，构建自己的商业思想体系，发现一些上升渠道或获取财富的机会，我认为阅读是有效的方法之一。

想找到一本好书不容易。真正的好书，是那些敢于且有能力说出"世界真相"的书。那些直接告诉你结果，甚至宣称读完这本书就能拥有商业思维、获取财富的，只能算是畅销书，算不上好书。

读书时，最有价值的阅读，是通过阅读书中的思想而形成自己的"原创方法论"，用于指导自己后面的工作与生活。硅谷知名投资人纳瓦尔曾说过："凡是社会能够培训你的技能，同样也能培训其他人来取代你。"只有通过阅读好书自己悟到的知识，才是真正属于你并帮助你创业成功的财富。

要想找到真正的好书，就要去寻找你能接触到且你认为水平最高的"高人"，请他推荐三本好书给你。在阅读时，不要读得太快，要细嚼慢咽，并且反复阅读，在不同阶段收获不同的心得和体会。

对于读书，我有一套自己的核心方法，这个方法分三步：

第一步，找出自己最喜欢的三本书，再找一个独立空间，拿一支钢笔，将最近真正困扰你决策的问题放在脑海里，在读书过程中，一边阅读作者的文字，一边思考自己的问题，其间产生的任何想法都直接记录在书上。这时你所记录的就不是读书笔记，而是商业思考。这种阅读方式就像你正在与一个"高手"进行思想交流，让他激发你的创作欲、想象力。

第二步，把你记录的笔记挪到白板上，或者做成思维导图，进行第二次深度思考。

第三步，找到你的核心合伙人，或者是你非常敬佩的人，把你完整的商业想法向他复述一遍，跟对方深入探讨，听取对方的意见。

阅读是个知识内化的过程，分享则是将知识吸收后再输出的过程。知识的升华、商业认知的提升，就相当于我们在对知识进行获取和利用，如果再有一些要点的交流与碰撞，那就更完美了。

丛林法则

资本的丛林法则包括六点：

一、化繁为简；

二、学会拒绝；

三、处理好事业与家庭的关系；

四、对财富有充分的认知；

五、及时止损；

六、不依赖于个人机制。

第一，越是能够获得资本和财富的人越简单，那些不断强调复杂商业模式的，往往没有弄清真正的商业思维。查理·芒格曾说："做出对一部分人真正有价值的、高价

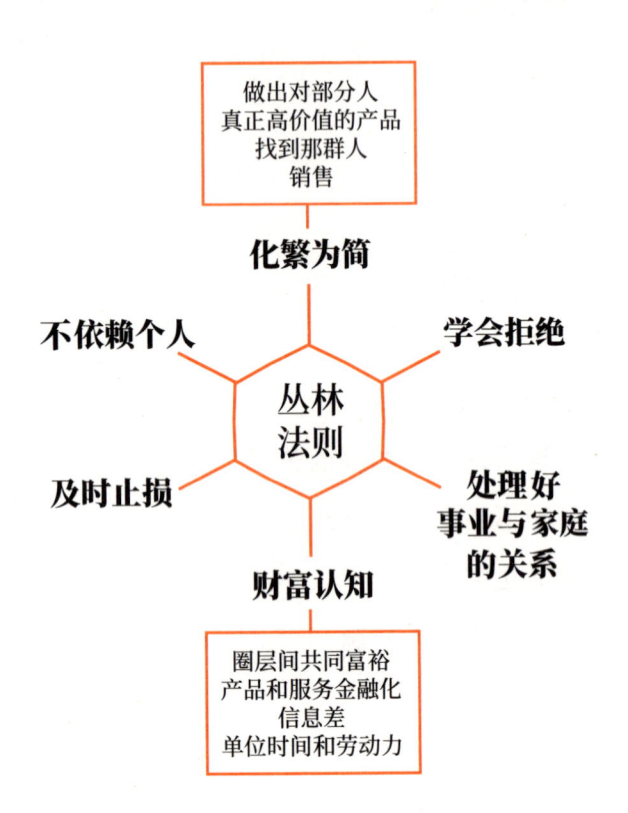

```
                做出对部分人
               真正高价值的产品
                 找到那群人
                    销售

                   化繁为简

  不依赖个人                    学会拒绝
                  ╱─────╲
                 │  丛林  │
                 │  法则  │
                  ╲─────╱
   及时止损                    处理好
                              事业与家庭
                               的关系

                   财富认知

               圈层间共同富裕
              产品和服务金融化
                   信息差
              单位时间和劳动力
```

值的产品,并刚好找到那群需要这个产品的人,卖给他,就可以了。"如果你还没有学会化繁为简的能力,是很难拥有出色的商业思维的。

第二,想创业成功,一定要学会拒绝。古训说"慈不掌兵",喜欢讲情面的"好人"是做不了大事的。华为创始人任正非先生曾经告诫华为的干部,管理要敢于得罪人,如果人人都顾及影响,想树立威望,都做"好人",企业发展就无从说起。

第三,处理好事业与家庭的关系。创业是需要全身心投入其中的,能够真正做到家庭、事业两兼顾的人很少。从人性角度来说,愿意陪你长时间坚持创业的伴侣很少,想要创业成功,就要处理好事业与家庭的关系。

第四,对财富有充分的认知。获取财富的方式很多,最常见的是以"单位时间"和劳动力换取报酬,不低级,但也不高级。高一层级的是用信息差换取财富,提前布局,赚取未来的财富。比如,通过知识付费来获取财富的方式,就是因为你提前掌握了他人没有掌握的信息,再利用这个信息差拿到自己想要的结果。用户购买你的产品并不完全是购买其中的内容，而是因为你可以持续不断地提供其所需要的商业和认知的信息差。再高一层级的获取财富的方式是将产品和服务金融化，并利用金融杠杆，让用户认同和相信它的价值，继而主动为其投资。最高层级的就是实现圈层间的"共同富裕"。

第五，不要贪图项目的数量，选择任何一个好的项目，都意味着对其他多个项目的放弃和止损。很多时候，一些有才华、有天赋、有能力的人无法成功，根本原因就在于他们沉溺在不够优秀或亏损的项目当中，无法自拔，试图证明自己的选择和坚持是正确的。其实大可不必。真正有价值的事，是去寻找和发现那些本来就能做成的事，而不是耗尽精力，试图把一个很难成功的事做到成功。

第六，任何一家企业，如果特别依赖于老板的个人能力，那么10年、20年后它很可能就会衰败。想要让你的基业长青，就一定要沉淀出一套可以不依赖于个人的机制。

立大局观

真正具有大局观的老板应该具备三个核心优势：
第一，具有流量思维；
第二，不要总想着开源；
第三，寻找项目落地的机会。

成功的老板有很多共同点，比如看问题的眼光更长远，凡事能从大局出发，能把握好整体与局部的利益，不会因小失大，等等。具体来说，真正有大局观的老板应该具备三个核心优势。

第一，具备流量思维。

现如今，新零售的核心就是流量获取，这一点同样也

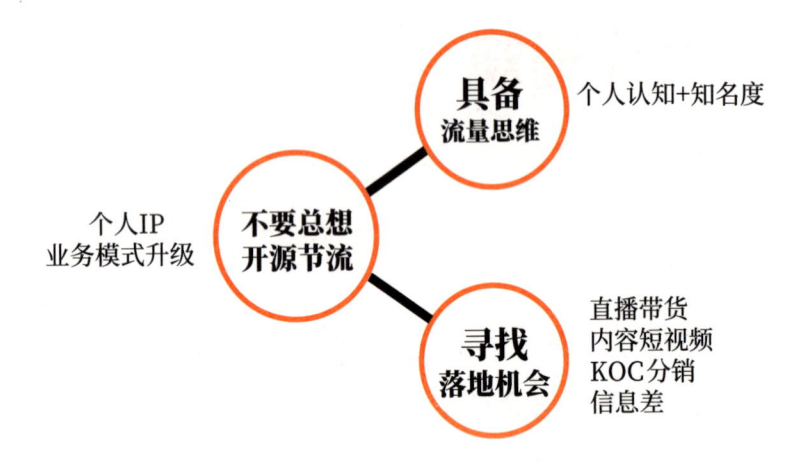

```
                        具备              个人认知+知名度
                       流量思维
     个人IP      不要总想
     业务模式升级  开源节流
                                          直播带货
                        寻找              内容短视频
                       落地机会            KOC分销
                                          信息差
```

适用于线下的实体生意。再好的产品、再优质的服务，只有通过各种途径触达客户，才有付费转化的可能。因此，老板必须要具有流量思维，善于在自己身上投资，做好超级个体，打造个人IP，提升自己的认知和知名度，为自己的产品代言。否则，缺乏可控的自有流量，任何人都没有资格承载你的公司和产品流量。

第二，不要总想着开源。

如果一家公司缺乏核心优势和核心技术，一味延续简单的模仿、跟风、低成本竞争等老路，就不要去开源，而是要节流。老板把控着公司的方向，如果公司不赚钱你还苦苦支撑，只会越做越难。老板要成为公司的流量口，努力去升级自己的业务模式。

第三，积极地寻找项目落地的机会。

想让公司持续地经营下去，老板就要善于寻找各种项目落地的机会。当前的情势下，我认为下面几个落地机会可供参考：

首先，如果你的公司自有供应链，或者自己做生意多年，认识很多源头供应商，你可以学习直播带货，同时在其中搭配你作为老板和高手的一些实用性观点，吸引更多精准用户的关注，实现有效转化。

其次，将自己多年做生意的经验进行总结提升，将内容精心打磨成为短视频。只要有一条短视频成为爆款，你的整个账号与后面的格局就会打开，之后再衔接直播，通过知识付费的形式实现变现。

再次，尝试改变之前的销售结构，不再专注于电销等低效模式，而是学习自媒体平台做预制菜的模式，让巨量的KOC（关键意见消费者）来为你分销产品。

最后，你可以在自媒体平台打造老板的个人IP，通过获取更多的信息差来降低机会成本，打没有硝烟的信息战。

一切生意的本质都是流量的生意。

任何一个超级个体的成长和发展过程都不是偶发的,而是一种商业发展的必然。

PART 8

穿越周期

越简单的生意,
越容易单点放大。

底层逻辑

生意的底层逻辑遵循三个原则：
第一，选择正确的赛道；
第二，降低沉没成本；
第三，打造超级个体。

  现在做生意的人非常多，但能把生意做好的，尤其是在同一领域做得突出的，却少之又少。能把生意做好的人，并不是因为他们比别人更聪明，而是因为他们运用的方法更得当，采取的战略更符合做生意的逻辑。每一个底层逻辑都代表着一种商业模式或商业结构的调整，这也使得他们在商业竞争中更具优势。

生意底层逻辑三原则
- 选择 正确赛道
- 降低 沉没成本
- 打造 超级个体

在我看来，生意的底层逻辑一般遵循三个原则：

第一个原则：选择正确的赛道。

在做生意过程中，每个人都会有胜有负，但尝试后你才会明白，一旦你选择了错误的赛道，只会越努力越绝望，因为生意能否成功，95%取决于这桩生意本身是不是能盈利。如果一开始的方向就错了，后期不论你如何努力，也无法扭亏为盈。

第二个原则：尽可能降低自己的沉没成本。

如果你不懂流量，也不懂做超级个体，又不会做私域社群，在这种情况下，你去从事原始开发工作，那么前期投入的精力很可能只会为后面的竞争对手提供便利，你就要为此支付很高的沉没成本。

但是，如果你在一个私域环境中做生意，你的产品卖得很好，利润很高，具有很高复购率，但你的竞争对手不知道，这时你的沉没成本会很低。如果你掌握了公域流量端，并且拥有基于个人IP的人性化、有感情的品牌加持，你的沉没成本也可以很低。

第三个原则：善于打造超级个体，或者叫善于构建成本收益模型。

举个例子，你发现了某个生意模型，自己做的话，一年能挣100万元；两个人做，一年可能只能挣20万元；三个人做，一年可能就要亏损了。如果做个投资回报模型的话，你会发现，当你前期成本足够节约时，你可以无限复投，扩大生意规模，或者加入很大的杠杆；而当你的人力、决策成本增加，生意链条不断拉长，交付结构日益复杂时，生意就容易出现亏损。

越简单的生意，越容易单点放大，不用担心被人抄袭、模仿，因为做生意最大的门槛就是成本足够低，可以实现无限量地投放。而打造超级个体，就可以建立短链生意模型，让生意更容易做。

商业框架

要搭建超级个体的商业框架,需要遵循五条规则:
一、穿越"黑洞期";
二、能够承接核心私域的流量;
三、重复地做出爆款;
四、快速上线可变现产品;
五、用少量付费流量撬动更多免费流量。

  每个人最怕的都是不确定,为应对这种不确定性,就会不断地用自己的认知、能力、资源以及之前的积累等,去发现那一点点的"确定性",然后加一个杠杆,将其无限放大。

商业框架规则：
- 穿越"黑洞期"
- 能够承接核心私域流量
- 重复做出爆款
- 快速上线可变现产品
- 少量付费流量撬动更多免费流量

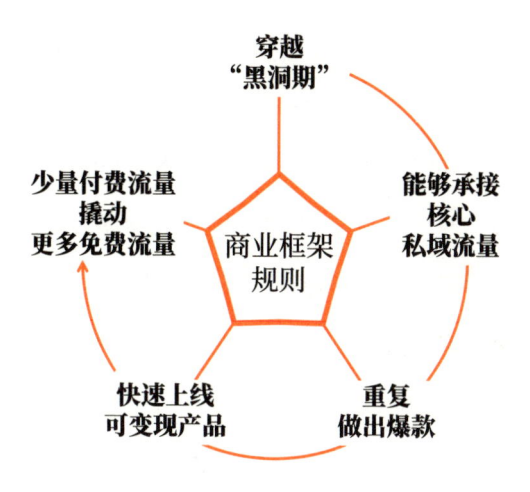

按照"大数定律"，你要扔硬币，只扔10次的话，正反面的规律可能不明显；但如果你扔的次数足够多，那么基本上正反面的次数是持平的。打造超级个体也是如此，按照数学原理，你想让一件事的成功率达到20%，那么你需要尝试至少14次。而之前的努力过程就是你的"黑洞期"，只有坚持到穿越这个"黑洞期"，你才能看到光亮。

虽然各个平台的热门话题很多，但每个人能上热门的方法基本都是固定的，这就叫作"账号框架"，它是由你的个性、观众缘和你整体的知识储备所决定的。所以，如果你上了热门，要立刻做两件事：第一，马上开直播，承接私域流量；第二，在短期内尽可能多地在平台上发布作品，争取蹭自己的流量，努力打造出自己的爆款。而且爆款是可重复的，哪怕自己复刻自己，也完全没问题。

所有的流量都是为了最终实现变现，因此在你拥有了流量后，要快速上线可变现的产品。生意的本质就是要产生利润，只有产生了利润，你才能去持续投流。

最后，如何才能用少量付费流量去撬动更多的免费流量呢？

方法只有一个：承接好流量，并对这部分流量进行转化，系统就会认定你的直播间质量是比较好的，由此也会给你推荐相似的免费流量。当免费流量进入直播间后，你就可以通过运营手段、直播话术、产品活动等继续承接流量，让系统认定你的直播间是受用户喜欢的高质量直播间，从而继续为你推送类似流量。

以上就是打造超级个体的整个商业框架。

四个阶段

商业价值的四个阶段：
第一阶段：价值发现；
第二阶段：价值创造；
第三阶段：价值感知；
第四阶段：价值共创。

  首先，价值发现是流量捕捉的过程。善于捕捉各种流量的机会，如热搜、要闻、热点等，就有机会发现价值。
  举个例子，美图秀秀董事长蔡文胜先生最先就是从做域名开始，赚取了自己人生的第一笔财富。2003年，蔡文胜见李兴平创办hao123导航网站的流量巨大，觉得这种方

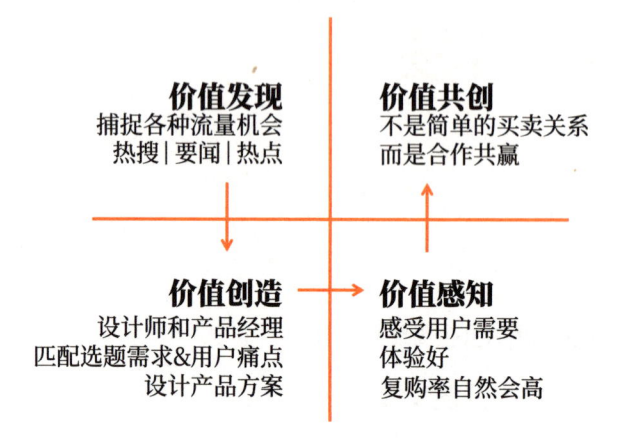

```
           价值发现                价值共创
        捕捉各种流量机会        不是简单的买卖关系
        热搜 | 要闻 | 热点       而是合作共赢


           价值创造                价值感知
        设计师和产品经理          感受用户需要
       匹配选题需求&用户痛点       体验好
         设计产品方案            复购率自然会高
```

  式非常适合自己投资创业。虽然当时的 hao123 已经做得很好了，但蔡文胜认为还有机会继续做导航网站，于是，他就以 265.com 域名重新创建了一个导航网站。该网站一经推出，仅仅几天时间，流量直逼 10 万，价值初显。之后，他又抢注了 fm365.com，从此开始了自己的互联网传奇。

  其次，价值创造是每个设计师和产品经理的本职工作。设计师和产品经理需要根据选题需求和用户痛点来设计产品方案，这是一个从无到有的过程。

再次，价值感知是在做完产品或推出服务之后，积极地去感受客户的需要，也就是我们常说的用户体验。用户体验好，复购率自然就会高。

最后一点就是价值共创。简单来说，用户和我们之间不再是简单的买卖关系，而是合作共赢关系。我们发布产品，输出内容，为用户提供核心价值；用户观看产品，获取价值，再向我们付费，同时第三方平台也从中获取了自己的利益。这个过程就是价值共创。

比如，小米科技公司在成功打造出智能手机这一核心产品之后，便逐渐摸索出了一套打造爆品的方法论。它以智能手机为核心，向外圈层辐射孵化超过200家生态链企业，其生态链产品涉及智能、家居、杂货、餐厨等多个领域。这样一来，一个原本几亿元的生意就裂变为十几亿元、上百亿元，实现了从单一产品到产品生态圈的价值共创。

三个层次

人能不能做生意，是不是具有商业思维，主要从三个层次来看：
第一个层次：小本经营；
第二个层次：资本经营；
第三个层次：无本经营。

  商人的本质，就是通过交易、转换和创造为社会提供所需的商品和服务。但是，不同的商人，做生意的思维和境界是完全不一样的。从大体上来说，我认为可以分为三个层次。
  第一个层次是小本经营。这种人在做生意时纯粹是以

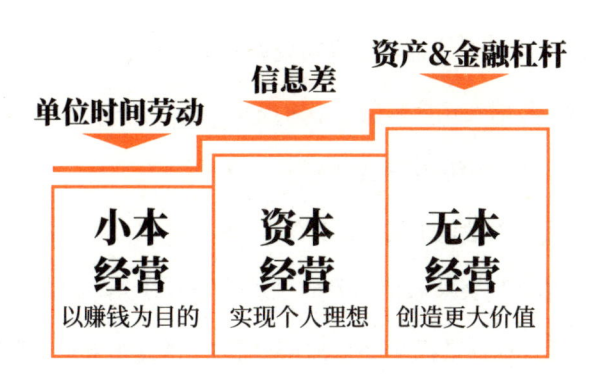

```
        单位时间劳动    信息差    资产&金融杠杆
                          ▼           ▼
            ▼
                      ┌─────┬─────┐
                      │     │ 无本 │
              ┌─────┤ 资本 │ 经营 │
              │ 小本 │ 经营 │     │
              │ 经营 │     │     │
              │以赚钱为目的│实现个人理想│创造更大价值│
```

赚钱为目的的，在其商业行为中，一切也都以赚钱为评价标准。他们多为个体工商户，由于眼界或出身的限制，生意更多表现为短期行为。如果没有高人指点，他们突破自己的可能性比较低。

第二个层次是资本经营。这类人的资产一般在几百万元至一两千万元之间，他们的商业行为表现不只是为赚钱，可能还怀有某种情怀，比如为了实现个人理想和价值等。在获得财富后，他们一般会比较谦虚，如果遇到高人指点，往往还能再上一步，否则可能认为自己获取财富是因为天赋，没有看到自己的成功也许是运气使然。大部分生意人都会停滞在这个阶层，不再提升了。

第三个层次是无本经营。这个层次的人在做生意时，已经明确地认识到，想要有所突破，靠自己是无法实现的，于是他们会从做信息差的生意转变为做资产和金融杠杆的生意，也就是将现金流或净利润的一部分拿来做资产配置，通过资源互补、合作共赢等模式寻找更多的机会，创造更大的价值。

总之，要想让自己的生意越做越大，就要想方设法遇到高人。尤其是对于做小本经营的生意人来说，如果你能遇到身价几十亿元的人愿意帮助你、指点你，那么你可能很快就能实现财务自由，让自己的生意层次更上一层。

三个误区

自媒体平台的核心价值,就是销售效率的底层颠覆。

老板想在自媒体平台打造超级个体,必须突破三个误区:

第一,不愿自己下场做;

第二,不全心全意地做;

第三,不愿投入资金做。

对于老板们来说,自媒体平台的核心价值就是销售效率的底层颠覆。

首先,这里可以做到全网流量的精准拉取,不管你身

处哪个领域、哪个地域，只要你是平台上的超级个体，拥有个人IP，你就可以通过自己的创作者标签吸引全国甚至全球的客户来跟你做生意。

其次，利用自媒体平台，你可能只需要拍摄几条短视频或做几场直播，就有机会快速占领网络另一端那些素不相识的人的心智，继而实现成交。

此外，如果你是个人IP，还能在平台上持续为自己引流，从本地引流到全网引流，从而不断提升自己的信任度，转化率就能不断提升。

由此可见，老板在自媒体平台打造超级个体，不但能塑造个人品牌，还能宣传和扩大公司和产品的知名度，提升自己的多维竞争力。

然而，有些老板在打造超级个体时容易陷入以下三个核心误区：

第一，不愿意自己下场做超级个体，而是找所谓的专业团队和操盘手帮助自己来做。殊不知，打造超级个体非常讲究实操和体验感，如果你自己不能体会从头到尾的流程，就永远无法在平台上拿到自己想要的结果。

第二，不打算全心全意地做超级个体。作为老板，虽然你可能有多重身份、多项工作，但如果无法专注地在平台上打造超级个体，你也很难在平台上有所收获。

第三，不想在平台上投资。在线下想做成一单生意，事先往往需要大量人力、财力的投入，在自媒体平台同样如此。如果你不愿意投资引流，或者不愿意付费给那些在平台上真正拿到结果的人，你也很难成功。

自媒体平台是个增加杠杆的地方，想要打造超级个体，并拿到你想要的结果，就必须有所投入，这种投入既包括时间、精力的投入，也包括资金的投入，毕竟只有在平台上获得精准流量，才能成功实现转化。

品牌三角

要做好品牌，需要具备三方面的能力，这三种能力也构成了一个"铁三角"：
第一种能力：产品定义能力；
第二种能力：供应链能力；
第三种能力：渠道能力。

在自媒体平台，想要利用个人IP打造产品品牌，离不开三方面的能力。我把这三种能力称为打造品牌的"铁三角"。

第一种是产品定义能力。

在自媒体平台，你要做什么样的产品，把产品销售给

产品是什么？客户是谁？
如何定价？如何打造卖点？

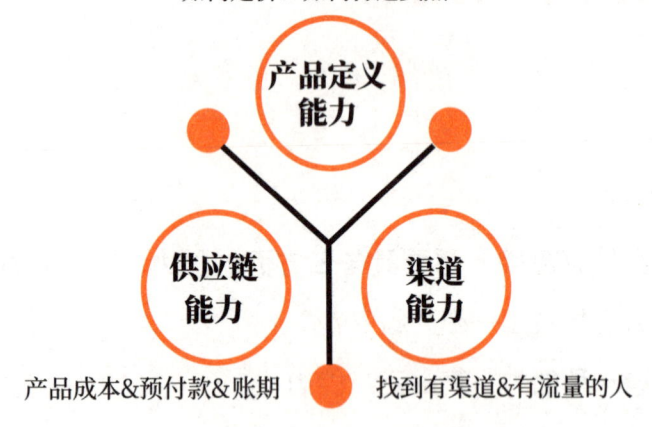

产品定义能力

供应链能力
产品成本&预付款&账期

渠道能力
找到有渠道&有流量的人

哪些人，以及如何定价、如何打造卖点等，都需要有强烈的敏感性，这样你开发出来的品牌产品才会有销量。

第二种是供应链能力。

供应链能力分为两部分：

首先，如果你自己寻找产品，你需要清楚地知道寻找产品的成本是多少。工厂出货价和工厂核心成本价是完全不同的概念，不论你跟工厂关系多好，工厂都会为自己留出至少15%的利润。另外,产品还需要有包装费、运输费等,这些都必须算清。

其次,你要有一定的议价能力,最好能将自己的预付款控制在15%～30%,并且争取到3～6个月的账期,等你在渠道销售完产品后再付尾款。做到循环回款,才能有效提高资金利用率。

第三种是渠道能力。

渠道就是流量,你只需要找到有渠道、有流量的人,让对方知道你具有强大的产品定义能力就可以了。因为在这三种能力当中,产品定义能力是最强大的,也是最核心的。很多供应链能力和渠道能力很强的人,往往不善于做产品定义。如果你具备这一能力,那就努力将自己的长板拉长,去弥补自己的短板。比如,找一个具有流量思维的人合作,共同寻找优质的供应链或渠道商,一起打造品牌。当然,如果你善于搞流量,也可以找一个具有产品定义能力的人合作,一起去跟别人"拼"长板。

轻量资产

轻资产思维的特点：
一、资金投入少；
二、人力成本投入轻；
三、商业模式简单轻巧。

在传统思维当中，想要创业成功，获取财富，就一定要有大金额的投资，但作为普通人，我认为我们一定要有轻资产思维。所谓"轻资产思维"，简单来说就是资金投入少，甚至几乎为 0；人力成本投入轻；商业模式简单轻巧。

一个最典型的例子，知识付费这个风口已经存在很长时间，在我看来，目前的知识付费赛道已发展到 3.0 阶段，

```
         人力成本投入
            轻
  资金投入         商业模式
    少             简单
                   轻巧

         轻资产思维
```

其技术基础已经搭建完成，市场上成熟的知识付费工具和平台已经趋于完善。

在刚刚起步的 1.0 阶段，只要是善于抓住机会的人，都做得很好。

发展到 2.0 阶段，越来越多的人发现，知识付费的 GMV（商品交易总额）虽然不高，但资金投入少，利润率高，于是一拨人加入其中，拿到了结果，这部分人统称为"超级个体"。

伴随着3.0阶段的到来，很多同步MCN机构开始利用流量矩阵的方式，打造更多的超级个体，并且这个阶段的超级个体都是不同赛道精选出来的佼佼者。

那么，普通人是否能入局轻资产项目，比如涉足自媒体呢？

我认为当前是完全可以的，但有个前提，就是尽量不要涉足一些利润很高的大赛道，而是做超级垂直的细分小赛道。只做轻创业和"确定性高"的生意，只做先收款的生意，有垫资和应收的生意都不做，不背负任何的债务风险，也不要对未来预期太高。细水长流，利用投放和自己的流量，稳扎稳打，每天获得自由现金流。

自媒体平台具有自己核心的智能算法，只要你能够找到自己的精准标签，设计好自己的内容，就有希望在这个商业模式下闯出一片小天地。

穿越周期

任何一个超级个体的成长和发展过程都不是偶然的，而是一种商业发展的必然。

商业的本质是简单和找到单一决策要素，想要在自媒体平台拿到结果，你就要找到真正的底层逻辑。

以抖音平台的发展为例。抖音发展可分为三个阶段：

第一个阶段：整个公司围绕今日头条展开，通过大量的内容分发，为不同的用户打上兴趣标签，再将用户分发到不同社区频道，而创作者则通过精准标签分发的优质内容获得收益。

第二个阶段：分设 APP 工厂，再利用团队赛马的方式，

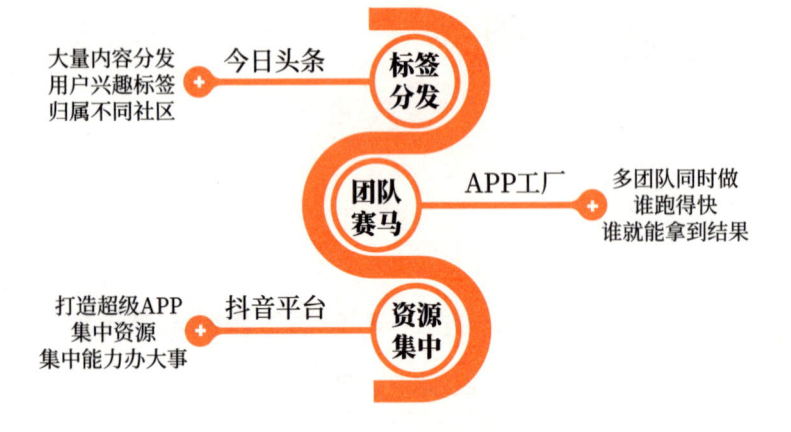

```
大量内容分发          今日头条      标签
用户兴趣标签    +                 分发
归属不同社区

                         APP工厂    多团队同时做
                  团队         +   谁跑得快
                  赛马             谁就能拿到结果

打造超级APP     抖音平台       资源
集中资源   +                  集中
集中能力办大事
```

让几个团队同时去做一个被验证过的、可能会爆的产品方向，谁跑得快，谁就能拿到结果。

第三个阶段：将抖音平台打造成为超级 APP，集中资源、集中能力办大事。

我们要做超级个体，打造个人 IP，同样可以仿照抖音平台的发展历程，不断穿越平台周期。开始阶段，大家都是在平台上野蛮生长，慢慢地开始进行跨赛道同领域的混合赛马，最后垂直深耕某个赛道，拥有个人 IP，成为超级个体。由此也可以看出，任何一个超级个体的成长和发展过程都不是偶发的，而是一种商业发展的必然。

很多人说，矩阵就是终局，一个IP应该多去分发内容，我并不认同。我认为超级个体才是真正的终局，因为矩阵的效率非常低，真正能让自己的切片分发产生效率的人凤毛麟角，绝大多数人能做好一个自己的账号就已经很厉害了。所以，在你的核心账号尚未遇到瓶颈之前，不要做任何矩阵分发，而是集中精力办大事，将自己的核心内容、核心账号做到极致就可以了。

15 条经验总结
SUMMARY

1

打造个人 IP 一定要徐徐图之，给自己和受众充分的安全感。特别是在拿到真正的大结果之前，要让自己保持足够的耐心。

2

永远不要迷信所谓的播放量和粉丝量，这是做个人 IP 的"心魔"。没有信任度和精准度的流量，就没有任何沉淀价值。只有找到自己的精准粉丝，才更有可能实现后续的变现。

3

做个人 IP 的三个层次:

第一层:哥不在江湖,江湖留下了哥的传说。

第二层:借别人的嘴,为自己背书。

第三层:王婆卖瓜,自卖自夸。

4

将自己真实的一面展现给用户,才更容易把控用户的情绪和心智。做 IP 就是做人,一个能够感动人心、真实而有缺点的人,更容易赢得用户信任。

5

要传达出完整的思维观念和价值主张,让用户可以完整地接受你的观念和主张,并且愿意帮你去传播。只要你的思维观念和价值主张足够明确,你就能吸引到更多的精准粉丝。

6

一个个人账号只传递一个价值点。记住：言多必失！

7

做个人 IP 的最终目标是实现流量变现，所以在平台上一定要彰显自己的价值主张。考验你的个人 IP 的硬度和纯度的只有你的人设价值。

8

学会控制自己的经营风险，不给自己加太多不该加的杠杆，只看最终的利润率。

9

做社群时，要主动进行筛查，坚决排除不应该加入其中的用户，互惠互利的伙伴原则才是第一位的。我们最终要与用户建立"过过钱、过过事"的关系，成为"能交心、能押宝"的朋友。

10

学会在直播间直接立人设，同时要学会渲染情绪和创造悬念，让每一个进入你直播间的人都充满了期待和好奇。

11

如果你是个普通人，就把自己的个人IP做成社交名片；如果你是个老板，就把自己的个人IP做成个人传记。然后，学会用流量和粉丝势能为自己的线下生意"赋能"。

12

谁更了解自媒体平台的算法，谁产出的内容更容易打动核心人群，谁就更有可能上热门。每个人在自媒体平台上几乎都拥有相同的机会。

13

打造个人 IP 一定要以终为始，形成商业闭环。但你不需要做第一个吃螃蟹的人，从流量获取到商业变现，你只需不断寻找精准的对标账号去模仿、借鉴和优化。在流量变现过程中，要不断利用业务调整自己的 ROI，寻找动态平衡，这是你做个人 IP 核心中的核心。

14

要在平台上做高利润甚至超高利润的产品，做没有或减少后端交付的产品。自媒体平台上的义务红利期往往都是暂时的，一旦抓住了红利期，就要认真做好当前的用户交付，快速实现变现，否则业务会随时归零。

15

做好长期坚持的心理准备。很多人都看到了顶峰,但真正能够登顶的人往往不超过5%。只有坚持、坚持、再坚持,直到找到那个正确项目中能够正确变现的点,而形成的正确的小循环,你才可能将其变成一个正向反馈。总之,要相信坚持的力量。

—— 全文完 ——

© 民主与建设出版社，2023

图书在版编目（CIP）数据

创富 / 李一舟著 . —北京：民主与建设出版社，2023.5

ISBN 978-7-5139-4170-9

Ⅰ .①创… Ⅱ .①李… Ⅲ .①商业模式－研究 Ⅳ .①F71

中国国家版本馆CIP数据核字（2023）第069268号

创富
CHUANG FU

著　　者	李一舟
责任编辑	程　旭
出版发行	民主与建设出版社有限责任公司
电　　话	（010）59417747　59419778
社　　址	北京市海淀区西三环中路10号望海楼E座7层
邮　　编	100142
印　　刷	三河市中晟雅豪印务有限公司
版　　次	2023年5月第1版
印　　次	2023年5月第1次印刷
开　　本	32
印　　张	8.75
字　　数	126千字
书　　号	ISBN 978-7-5139-4170-9
定　　价	68.00元

注：如有印、装质量问题，请与出版社联系。

你一个人就可以成为一个品牌,
活成一支队伍。

幸福的人,
都是可支配现金流远大于内心欲望的人,
这与你的收入几乎没有关系,
却与你控制内心的贪、嗔、痴极为相关。

打造超级个体,
本质上是把一个人当成产品去打造。

你的定位在哪里,
你的结果就在哪里。

做真实的自己,
是打造正确人设的核心。

流量越稀缺,
产品力越关键。

超级长板并不是你喜欢做的事，
甚至不是你现在的工作，
而是之前几年内你在垂直方向上
连续做对三次的事情。

你要做真实的自己,
也要真实地让自己变得越来越好。

如果说有什么样的投资是稳赚不亏的，
那么一定是向自己投资。

人设既要突出自己的个性、能力，
还要突出自己是个有血有肉的、真实的人。

一定要搞清楚平台和用户到底都想要什么。
满足用户的核心诉求，
你才能获得流量红利。

每个人的干货知识都是有限的，
但爆款却是重复的。

要善于把你的单一核心能力放大到极致，
垂直地去深耕一个方向，
并且坚持下去。

真正能够打造好超级个体的人,
都是会讲故事的人。

正确的商业思维是不要对抗人性。

做事不要急于立山头,
也不要急于称王称霸,
要先学会自敛锋芒,
一步步把小事做好。

要寻找用户痛点，最直接有效的方法就是站在用户的角度思考问题。

好的品牌和好的内容,
都不应该是闭门造车。

流量红利不会消失,
只是悄然发生了转移。

流量就是财富。

利他就是终极的利己。

商业的本质是价值交换,
知识的商业化本质就是销售知识,
把有价值的知识销售给需要这些知识的人。

要敢于创新,
敢于冒险,敢于不赚钱。

学会搭建一个可持续获取财富的逻辑框架,这样你才有可能真正实现财务自由。

与别人拉开差距的核心是你的时间密度。

一切生意的本质都是流量的生意,
只是最终的呈现形式不同而已。

普通人要提升认知,
　　实现阶层跃迁,
读书是有效的方法之一。

想要让你的基业长青,
就一定要沉淀出一套可以不依赖于个人的机制。

越简单的生意,
越容易单点放大。

用户和我们之间不再是简单的买卖关系,而是合作共赢关系。

作为普通人,
我们一定要有轻资产思维。

会控制自己的经营风险,
不给自己加太多不该加的杠杆,
只看最终的利润率。